초긍정
마인드셋

초긍정 마인드셋

일상을 리셋하는 놀라운 변화의 힘

초 판 1쇄 2024년 06월 27일

지은이 김영우
펴낸이 류종렬

펴낸곳 미다스북스
본부장 임종익
편집장 이다경, 김가영
디자인 임인영, 윤가희
책임진행 안채원, 이예나, 김요섭

등록 2001년 3월 21일 제2001-000040호
주소 서울시 마포구 양화로 133 서교타워 711호
전화 02) 322-7802~3
팩스 02) 6007-1845
블로그 http://blog.naver.com/midasbooks
전자주소 midasbooks@hanmail.net
페이스북 https://www.facebook.com/midasbooks425
인스타그램 https://www.instagram.com/midasbooks

ISBN 979-11-6910-700-6 03190

값 **17,500원**

미다스북스는 다음세대에게 필요한 지혜와 교양을 생각합니다.

SUPER POSITIVE MINDSET

초긍정 마인드셋

김영우 지음

미다스북스

《 제3장 》
초긍정 마인드셋을 장착하다

《 제4장 》
더 나은 삶을 향해 나아가다

《 제5장 》
긍정의 힘으로 삶을 재창조하다

SUPER
POSITIVE
MINDSET

2018년 5월 26일, 결혼식을 올렸다.

그날 이후, 내 삶의 모든 것이 달라졌다. 결혼은 나에게 단순히 두 사람이 함께하는 새로운 시작을 넘어, 나 자신을 돌아보고 더 나은 인간으로 성장하며 바른 삶을 살아갈 수 있게 해주었다. 양가 부모님으로부터 경제적인 도움은 받지 못했지만, 지금까지 키워 주신 것만으로도 감사하며 신혼 생활을 시작했다.

우리가 계약한 신혼집은 석촌동에 있는 작고 오래된 빌라였다. 엘리베이터가 없어 불편하기는 했어도 내부만 좀 고치면 깨끗하게 만들 수 있다고 생각했다. 전세금도 다른 집에 비해 낮아 대출만 받으면 충분히 계약할 수 있는 수준의 집이었다. 몇 군데 집을 더 둘러보았지만, 마음에 드는 집이 없어 그 집을 계약했다. 작은 방 두 개와 화장실과 주방이 있는 16평짜리 공간은 우리 둘이 살기에 부족함이 없었다. 석촌동에서의 신혼 생활은 재미있었다. 위치도 좋고 주변에 맛집도 많아 매일 데이트하는 것처럼 신이 나서 집 주변을 다녔다.

그러던 어느 날, 아내의 몸에서 변화가 생겼다. 테스트를 해 보니 임신이었다. 우리는 놀랍고 기쁜 동시에 예상치 못한 일이었기 때문에 걱정되는 마음이 컸다. 하지만 마음속으로 다짐했다. 좋은 아버지와 남편이 되기 위해 최선을 다하겠다고. 그 순간, 어깨에 무언가 실린 것처럼 무거움을 느꼈다.

어린 시절, 가정 형편이 좋지 않았다. 이로 인해 친구들에게 놀림을 받고 부끄러움을 겪은 적도 있었다. 경제적으로 어려운 상황 속에서도 어머니는 우리 가족을 위해 힘들고 어려운 시간을 강인하게 버텨 내셨다. 그 어려움을 함께 겪으며 나는 마음속 깊이 다짐했다. 언젠가 가장이 되었을 때, 가족을 결코 힘들게 하지 않겠다고. 이러한 경험은 내 삶에 큰 영향을 미쳐 미래에 대한 각오와 가족에 대한 약속을 굳건하게 했다.

아내의 임신 소식은 새로운 책임감을 안겨 주었지만, 동시에 끝없는 걱

8

정도 함께 가져왔다. 좋은 아버지가 될 수 있을까, 가족을 행복하게 해 줄 수 있을까 하는 불안감이 마음 한편을 차지했다. 더욱이 새로 이직한 회사 생활이 힘들어지면서 앞으로의 직장 생활에 대한 걱정도 커져만 갔다. 밤마다 옆에서 잠든 아내를 바라보며 내일 회사에 갈 수 있을지, 이런 상황에서 앞으로 아이를 어떻게 키울지, 이 작은 집에서 우리 가족이 행복할 수 있을지 고민하며 잠 못 이루는 밤을 보냈다. 엘리베이터도 없는 이 집에서 가족을 위한 나의 선택이 과연 옳은 것이었는지 대해 끊임없이 자문해 보았다.

걱정의 무게는 날이 갈수록 커져만 갔지만, 가족을 위한 나의 사랑과 책임감은 그 어떤 어려움도 이겨낼 힘을 주었다.

결혼과 임신이 준 선물

어느 날, 아내가 회사에서 제공하는 사택 입주 기회를 알려 왔다. 근무 연수가 짧아 어렵겠지만 시도해 보기로 했다. 기대했던 결과는 나오지 않았고, 우리는 탈락했다는 소식을 들었다. 그러나 예상치 못한 전화 한 통이 우리의 운명을 바꿨다. 순위에 있던 다른 입주자들이 모두 포기해 마침내 우리에게 기회가 돌아온 것이다. 담당자는 2시간 내로 결정을 내려달라고 했고, 우리는 바로 수락했다.

결국, 우리는 더 나은 환경에서 아이를 맞이할 수 있게 되었다. 아내도 이제 계단을 오르내리지 않아도 되었다. 이전보다 큰 방과 거실이 생기고, 마음에 여유가 생겼다. 이 순간, 나는 진심으로 내 집을 갖고 싶다는 꿈을 꾸기 시작했다. 처음으로 내 집 마련에 대한 간절한 소망이 생긴 순간이었다.

처음엔 단지 내 집을 갖고자 했던 것이 전부였다. 그러나 점차 나는 돈에 집착하게 되었고, 이 집착은 나의 삶을 근본적으로 바꿔 놓았다. 부동산에 관한 책들을 읽으며 투자와 재테크에 깊이 빠져들었고 부동산 시장에 관한 공부를 더 깊이 해 나갔다. 그 결과, 서울에 집을 구매할 수 있었고 이어서 다른 부동산도 추가로 매수할 수 있게 되었다.

하지만 이 모든 과정에서 나는 중요한 것들을 잃어 가고 있었다. 돈과 부동산에 대한 집착은 가족과 함께하는 시간과 일상의 행복을 소홀하게 했다. 더 많은 돈을 벌기 위해, 과거의 결정을 후회하며 다른 사람들과 비교하면서 지내는 동안, 나는 진정한 행복을 느끼지 못하며 물질에 대한 집착과 갈증이 심해졌다. 심지어 가족과 함께 있는 시간조차도 아까워했다. 쫓기는 사람처럼 계속 무언가 해야 하는 생각에 늘 사로잡혀 있었다.

그렇게 돈과 물질적인 성공에 집착하던 중, 100권이 넘는 책을 읽고 난

초긍정 마인드셋

후에야 나는 깨달음을 얻게 되었다. 돈이 많다고 해서 더 행복해지는 것이 아니라, 오히려 지금 가지고 있는 것에 감사하며 살아가는 것이 삶에 있어 가장 중요한 가치라는 것을. 이 깨달음은 내 삶의 방향을 바꾸는 계기가 되었다.

그때부터 나는 새로운 마음가짐으로 삶을 대하기 시작했다. 더 이상 돈이나 다른 사람들과의 비교에 집착하지 않고 나의 진정한 가치와 행복에 집중하기로 했다. 지금 가지고 있는 것들에 대해 감사함을 잊지 않으며 가족과 보내는 시간, 건강, 그리고 삶의 순간들을 소중히 여기게 되었다.

이 책은 바로 그 변화의 과정과 그 과정에서 내가 배운 교훈을 담고 있다. 내가 겪은 고난과 어려움이 실제로 나를 성장시키고 삶을 더 행복하게 만드는 데 어떻게 도움이 되었는지 나누고 싶다. 상황이 크게 바뀌지 않았음에도 불구하고 내 마음과 생각이 바뀌면 그 자체로 행복한 삶을 살 수 있다는 것을 깨달았다.

이 책을 통해, 나와 같은 불안과 걱정을 겪고 있는 많은 이들이 희망을 찾고 그들의 삶이 조금이라도 나아질 수 있기를 바란다. 경제적 어려움, 가정, 직장 생활에서의 갈등, 그리고 이 모든 것을 극복하는 과정에서 얻은 깨달음을 나누고자 한다. 이 책이 여러분에게 작은 위안과 도움이 되길 바라며, 더 나은 삶을 향해 한 걸음 더 나아가는 힘이 되기를 소망한다.

《 제1장 》

돈에 미치지 마라

1

책임감이 만든
인생의 전환점

> "위대함의 대가는 책임감이다." – 윈스턴 처칠

2018년 5월, 우리는 석촌동의 작고 오래된 빌라에서 새로운 결혼생활을 시작했다. 경제적으로 여유롭지 못하고 양가 부모님의 도움도 기대할 수 없는 상황이었지만, 우리만의 작은 보금자리를 마련했다. 돌이켜 보면 어떻게 그런 결정을 하고 준비했는지 신기할 따름이다.

1998년식, 16평 규모의 이 작고 낡은 집은 엘리베이터도 없었다. 집은 허름했지만, 조금 손을 보면 괜찮아질 것 같았다. 감사하게도 집주인은 신혼인 우리를 위해 도배를 새로 해 주었다. 나는 인터넷으로 필름지를 주문해 싱크대와 화장실을 수리하고 오래된 문고리와 현관문도 교체했다. 몇 가지 낡은 것들을 바꾸고 나니 집이 신혼집다워 보였다.

학자금 대출을 갚지 못한 상태에서도 전세 대출을 통해 전셋집을 마련할

1

수 있다는 것에 감사했다. 직장 덕분에 대출 이자도 감당할 수 있었다. 필요한 가전제품과 혼수용품을 구입하는 데 총 200만 원 정도를 사용했다. 이 모든 것이 갖춰지자 집이 제법 살기 좋아 보였다. 집 바로 앞에는 작은 식자재 마트가 있고 석촌호수와도 가까워 생활 환경이 훌륭했다. 또한 우리 부부가 근무하는 강남역과 시청역까지 출퇴근이 편리해 모든 것이 완벽했다.

부모님과 함께 살다가 새로운 가정을 꾸리면서 처음에는 많은 걱정과 불안이 있었지만, 막상 시작해 보니 생각했던 것만큼 어렵지 않았다. 많은 사람이 결혼을 후회한다고 말하지만, 나에게 결혼은 수많은 이점을 가져다주었다. 여러 가지 좋은 점 중에서 가장 좋았던 점은 마음의 안정이었다. 결혼 전에는 불안과 걱정으로 잠 못 이루는 밤이 많았다. 하지만 결혼 후에는 불안과 걱정을 함께 극복해 줄 영원한 내 편이 있다는 안도감과 가족을 책임져야 한다는 책임감이 나를 더 강인하게 만들어 주었다. 어려서부터 나는 결혼이라는 것이 단지 두 사람의 만남을 넘어 가정을 잘 챙기고 책임감 있게 꾸리는 일이라는 신념을 가지고 있었다. 내 머릿속에 결혼은 반드시 자신의 삶을 희생하며 가정을 위한 막중한 책임을 져야 하는 것이라고 생각해 왔다. 그런 마음의 준비가 되지 않은 사람은 결혼할 자격이 없다고 생각했다. 주위를 둘러보면 어려운 상황의 가정 대부분이 가장의 문제에서 비롯된 경우가 많았다. 무책임한 가장들의 모습을 볼 때마다 "어떻게 자기 가족을 저렇게 힘들게 할 수 있을까?" 생각하며 나는 나중에 절대 그러지 말아야겠다고 다짐하곤 했다.

경제적으로 조금 부족하더라도 가정과 직장에서 가족을 위해 헌신하고 성실하게 살아간다면 충분히 좋은 가장이 될 수 있다고 믿었다. 이 믿음 덕분에 나는 가정에 헌신하고 가족을 최우선으로 여기며 살 수 있었다. 차도 있고, 좋은 집도 있으며, 안정적인 직장을 갖고 있었다. 게다가 건강한 가족이 있다는 사실만으로도 나는 정말로 부족한 것이 없다고 느꼈다. 모든 것이 완벽하게 갖춰져 있다고 생각했다. 특별히 아픈 곳 없이 건강한 몸을 가지고 있는 것만으로도 매우 감사했다.

아들의 탄생과 새로운 결심

신혼 생활을 즐기던 어느 날, 아내로부터 임신 소식을 듣게 되었다. 결혼은 어느 정도 예상하고 준비할 수 있었던 일이었지만, 아기의 소식은 전혀 예상치 못한 일이었다. 그 순간부터 걱정이 밀려왔다. 나와 아내가 살기에 괜찮았던 집이 아이가 생긴다는 소식에 갑자기 좁고 불편해 보였다. 특히 엘리베이터도 없는 가파른 계단이 임신한 아내에게 위험하고 불편할 것 같았다. 아직 내 삶도 제대로 꾸려 나가는 게 불안정한데, 갑자기 아내와 아이까지 책임져야 한다고 생각하니 막막하고 두려웠다.

친구들과의 만남이나 자유로운 나만의 생활도 그리울 것 같았다. 하지만 아이와 우리 가족을 위해 이 상황을 받아들이고 준비해 나가기로 했다. 아내와 나는 최선을 다해 일하고 가정생활에도 충실하며 아이를 돌보기로 했다. 서로의 생활 패턴도 조정하면서 주어진 상황을 받아들였다. 그 과정에서 우리는 설렘과 기대감을 안고 새로운 가족 구성원을 기다렸다.

이 시기는 새로운 회사로 이직한 지 얼마 되지 않은 때였다. 나는 새로운 환경에서 엄청난 업무적 스트레스를 받고 있었다. 특히 팀장과의 갈등이 많아 내 의견을 전혀 표현하지 못했다. 일방적으로 지시만 받는 상황이 계속되어 상황은 더 힘들어졌다. 업무를 완전히 이해하지 못한 상태에서 내려오는 팀장의 일방적인 지시는 나를 정신적으로 매우 힘들게 했다. 이런 일을 처음 겪어 보기도 하고 전 직장과는 전혀 다른 분위기에서 일하는 것이 괴로웠다. 일을 그만둬야 하나 고민할 정도였다.

출근하려던 회사 문 앞에서 문을 열지 못하고 나와서 10분 동안 심호흡하다 들어간 적도 있었다. 다시 생각해 봐도 직장 생활 중 정말 최고의 고비였던 순간이었다. 새로운 회사에서 열심히 하려는 마음은 컸지만, 상황과 환경이 허락되지 않아 비참하고 자존심이 상했다. 하지만 그런 힘든 상황에도 아이가 와준 덕분에 아버지로서 책임을 다해야 한다는 생각으로 버틸 수 있었다. 두려움과 걱정으로 잠을 제대로 자지 못한 적도 있었지만, 아이가 생기지 않았다면 아마 그때 포기하고 말았을지도 모른다. 정말 하루하루가 고통스러웠다. 현실적으로 해결되지 않은 문제들도 여전히 남아 있었다. 아이가 태어나면 아이와 함께 생활할 공간이 충분치 않은 작은 집이 걱정되었고, 엘리베이터가 없어 계단을 사용해야 한다는 것도 염려되었다.

그렇게 힘든 시간을 보내고 2019년 2월, 아내는 건강하게 아이를 출산했다. 아들은 태어날 때부터 건강하게 잘 자라 주었다. 아내와 나는 아들을 보며 행복을 느꼈다. 아들의 존재만으로도 힘든 시간을 이겨낼 수 있었다. 아이가 태어나고 나니 내 삶은 완전히 달라졌다. 모든 것이 아들 중심으로 돌아갔다. 아내와 나는 아이를 위해 열심히 생활하며 양육했고, 아들은 건강하게 자랐다. 자식을 낳으며 나는 가족의 소중함과 책임감의 중요성을 다시 느꼈다.

결국, 아이가 태어나면서 내 삶에 큰 변화가 생겼다. 그 작은 생명이 세상에 오면서 나는 마음속 깊이 새로운 결심을 하게 되었다. 가족을 위해, 나 자신을 위해 더욱 열심히 살아가겠다는 결심이었다. 이 결심은 단지 마음속의 생각에 그치지 않고 실제 행동으로 옮겨지는 계기가 되었다. 매일 아침 눈을 뜰 때마다 나는 나 자신에게 더 나은 아버지, 더 나은 남편이 되기 위해 노력할 것을 다짐했다.

어려운 순간들이 있었고 앞으로도 여러 고비가 올 것을 알고 있었지만, 그 모든 것을 이겨 낼 수 있는 새로운 힘이 생겼다. 오히려 그런 순간의 다짐이 나를 성장시키고 내 가족에 대한 사랑을 깊게 만들었다. 가족을 위해 더 열심히 살겠다는 결심은 삶의 어떤 험난한 길을 만나더라도 굴하지 않고 이겨낼 힘을 주었다.

2

아빠,
새로운 삶의 원동력이 되다

> "극복할 장애와 성취할 목표가 없다면
> 우리는 인생에서 진정한 만족이나 행복을 찾을 수 없다." – 맥스웰 몰츠

좋은 아버지가 되고 싶었다. 이 작은 소망은 내 삶에 큰 변화를 불러왔다. 아내가 임신 소식을 전했을 때부터 나는 새로운 삶을 살게 되었다는 것을 느꼈다. 아이가 태어나기 전부터 나는 이미 마음속으로 좋은 아버지가 되기 위한 준비를 시작했다. 임신 기간 동안 나와 아내는 병원에 다니며 매일 태교에 함께했다. 나는 밤마다 아내의 배에 대고 아기를 위해 기도했다. 저녁 금식과 새벽 예배를 통해 아내의 건강한 출산과 아이를 위해 기도했다. 아내의 배가 점점 불러오는 것을 보며 새로운 생명의 경이로움과 동시에 책임감을 느꼈다. 나는 책임감 있는 가장, 좋은 남편, 좋은 아버지가 되고 싶었다.

어느 날, 아내가 기적 같은 소식을 전해 왔다. 직장에서 제공하는 임직원

혜택으로 사택을 전셋값의 절반만 내고 살 수 있는 프로그램이 있다는 것이었다. 경쟁률이 치열하고 근무 연수나 자녀 수 등의 기준에서 우리는 탈락할 것이 분명해 보였지만 이 기회가 주는 희망의 빛은 무시할 수 없었다. 아내는 가능성이 희박하다며 주저했지만 나는 아무리 희박한 가능성이라도 도전해 보자고 설득했다. 추운 겨울, 아내는 여기저기를 돌며 필요한 서류를 준비했고 결국 우리는 프로그램에 지원할 수 있었다. 결과 발표 후 우리는 예비 6번을 받았다. 사실상 포기 상태였다.

하지만 결과 발표 후 2주쯤 지나 흥분한 아내에게서 전화가 왔다. 우선 순위에 있던 사람들이 모두 계약을 포기해 우리 차례가 되었다는 것이다. 계약을 진행할 것인지 묻는 담당자에게 우리는 그날 바로 수락의 뜻을 전했다. 결과적으로 우리는 회사가 제공하는 아파트로 이사할 수 있게 되었다. 아내가 조리원에 있는 동안 나는 혼자서 새로 이사 갈 집으로 이사를 마쳤다. 덕분에 퇴원하는 아내와 아이를 새로운 보금자리에서 맞이할 수 있었다.

빌라에 살다 아파트로 이사를 오게 되었는데 모든 것이 마음에 들었다. 20년 이상 된 아파트이지만 단지 내에 차가 없는 환경과 엘리베이터, 그리고 23평의 공간은 우리 세 가족이 생활하기에 충분했다. 주민들도 여유로워 보였고 동네는 학군으로 유명한 곳이었다. 직접 가 보니 좋은 학군에 대한 소문이 사실임을 실감할 수 있었다. 아이를 위한 놀이터, 도서관, 장난감 대여소, 안양천 등이 주변에 있어 아이 키우기에 최적의 환경이었다. 하지만 이곳에서 살 수 있는 기한은 단 2년. 갑자기 이런 환경에서 우리 가족과 내 아이를 계속 키우고 싶다는 생각이 들기 시작했다.

그러나 현실은 전셋값 상승과 복잡해진 대출 조건으로 인해 이런 동네에서 사는 것은 꿈도 꿀 수 없었다. 안정적인 주거 환경이 필요했다. 안정적인 집이 있어야 나도 직장 생활을 안정적으로 할 수 있고 아내와 아이도 잘 지낼 수 있다는 생각이 머릿속을 떠나지 않았다. 아이가 태어나면서 내 삶의 우선순위가 완전히 바뀌었다는 것을 알게 되었다. 그 순간부터 나는 가족을 위해 더 노력해 보기로 결심했다.

가족과 함께하는 새로운 도전

아버지가 되는 것은 상상했던 것보다 훨씬 큰 도전이었다. 밤새도록 우는 아이를 달래며 겪는 수면 부족과 업무 스트레스는 나와 아내 모두를 시험에 들게 했다. 힘들었지만 우리는 서로를 지지하며 하루하루를 이겨 냈다. 직장에서는 팀장과의 문제로 정신적인 압박을 견뎌야 했다. 직장 생활은 점점 더 힘들어졌다. 회사에 들어갈 때마다 깊게 심호흡을 하며 회사 문을 열었다. 귀와 입을 닫고 나는 마치 죽은 듯 일에만 몰두했다. 상사의 폭력적인 말과 무언의 압박 속에서 버티기 어려운 순간이 있었다. 도망치고 싶었던 순간들도 있었지만, 그 순간만 견디면 된다는 생각으로 모든 것을 참아 냈다. 아내와 아이 덕분에 버틸 수 있었다. 집에 돌아와 아들의 미소를 보는 순간 모든 피로가 사라졌다. 아내와 아이와 보내는 시간이 나에게 가장 소중하게 느껴졌다. 주말이면 아이와 함께 공원으로 가거나 산책을 했다. 아들의 첫 말과 첫걸음마를 보며 삶의 새로운 의미를 발견했다. 그 작은 순간들이 나에게 큰 기쁨과 감동을 안겨 주었다.

육아는 쉽지 않았다. 아내와 나는 서로를 이해하고 지지하며 함께했다. 때때로 갈등이 생기기도 했지만 우리는 서로에게 가장 큰 지지자가 되어 주었다. 아이가 자라면서 나는 아버지로서 많은 것을 배울 수 있었다. 자녀의 교육과 성장에 대한 고민도 끊임없이 이어졌다. 올바른 교육 방법이 무엇인지 어떻게 하면 아이에게 최선을 다할 수 있는지에 대해 고민했다. 아이가 자라는 모습을 보며 나는 매일 조금씩 성장하고 있었다. 아이와 보내는 시간은 세상을 새로운 눈으로 바라보게 하는 특별한 경험을 하게 해 주었다. 아들의 순수한 눈빛을 통해 세상을 바라보며 나는 일상의 소소한 순간에서도 기쁨을 새롭게 발견하게 되었다. 놀이터에서 함께 뛰어노는 시간, 색연필로 종이 위에 마음껏 상상력을 펼치는 순간들이 내 삶에 기쁨을 불어넣었다.

이러한 순간들을 통해 삶의 진정한 가치가 돈이나 성공에만 있는 것이 아니라 내가 매일 경험하는 작은 기쁨들에도 있다는 것을 깨달았다. 가족과의 귀중한 시간, 아들과의 교감은 나에게 삶의 의미와 행복이 무엇인지

초긍정 마인드셋

를 가르쳐 주었다. 아이의 성장을 곁에서 지켜보며 함께 성장해 가는 것, 이것이 내 삶을 의미 있게 만들었다. 아이와 함께하면서 나는 매일 새로운 것을 배우고 성장의 기쁨을 느꼈다. 아들과의 소중한 시간은 삶의 선물이 며 가족과 함께하는 이 순간들이야말로 진정한 성공과 행복이라는 것을 알 게 해주었다. 나는 여전히 완벽한 아버지는 아닐지 몰라도 매일 최선을 다 하며 좋은 아버지가 되려고 노력하고 있다.

이 과정은 분명 도전적이지만 동시에 그만큼의 큰 보람도 느끼게 한다. 아이와 보낸 순간들 덕분에 나도 더 나은 인간이 되어 가고 있다. 가족을 위해, 그리고 더 의미 있는 삶을 위해 나는 열심히 살아간다.

아이가 내 말과 행동, 나의 뒷모습을 보며 배운다는 것을 항상 마음에 새 긴다. 그래서 나는 언제나 긍정적이고 열심히 노력하는 모습을 보여 주려 고 노력한다. 매일 감사하며 최선을 다하는 삶, 그것이 바로 내 아들에게 보여 주고 싶은 나의 모습이다. 이런 나의 노력이 아이가 성장하는 데 도움 이 되길 바란다. 내가 보여 주는 모습이 아들의 밝은 미래를 조명하는 빛이 되기를 간절히 소망한다.

3

어려움 속에서
찾은 희망

> "희망은 모든 어둠에도 불구하고
> 빛이 있다는 것을 볼 수 있는 것이다." – 데스몬드 투투

어려서부터 집안 형편이 좋지 않았다. 경제적인 어려움으로 인해 어린 나이임에도 불구하고 항상 걱정과 고민이 많았다. 특히, 엄마가 고생하는 것을 보는 것이 괴로웠다. 어린 나이였지만 이런 삶을 하루라도 빨리 바꾸고 싶었다. 집에 도움이 될까 싶어 초등학교 때부터 여러 아르바이트를 하며 학창 시절을 보냈다. 당시에는 전단지 몇백 장을 돌리면 천 원, 이천 원씩 주는 아르바이트 자리를 동네 식당이나 피자집, 치킨집에서 쉽게 구할 수 있었다. 어린 나이에 혼자 일자리를 구하는 게 부끄러워 친구 한두 명을 설득해 함께 전단지 아르바이트를 하곤 했다. 나이가 어려서 할 수 있는 일들이 많지 않지만, 엄마에게 작은 부담이라도 덜어 드리고 싶었다.

중학교 1학년 때, 동네 주유소에서 오후 5시부터 11시까지 정식으로 아르

바이트를 시작했다. 학교가 끝나고 친구들은 학원으로 가고 나는 주유소로 향했다. 그렇게 1~2년 정도 주유소에서 일을 했다. 당시 내가 받은 시급은 대략 1,800원 정도였던 것으로 기억한다. 첫 월급으로는 엄마 내복을 사 드리고 누나에게 용돈도 주었다. 나머지는 평소 사고 싶었던 옷을 사고 나에게 맛있는 간식을 사 준 친구들을 위해 동네 분식점에서 즉석 떡볶이를 사 주기도 했다. 감사하게도 어려운 가정환경이 그렇게 창피하지는 않았다. 오히려 그 환경 덕분에 어릴 때부터 부자가 되고 싶었고 빨리 가난을 벗어나 엄마의 고생을 덜어 드리고 싶다는 간절한 마음뿐이었다.

결단과 목표

어릴 때부터 공부에 별로 관심이 없었고 고등학교 때까지 책을 펼쳐본 적도 없었다. 시험 기간이 되면 친구들과 독서실에 가기는 했지만 대부분 시간을 잠만 자거나 시간을 때우며 보냈다. 고2 겨울방학 무렵, 어느 날 갑자기 교회에서 친하게 지내던 형이 나에게 수능 공부를 시작해 보자고 제안했다. 내가 다니던 학교는 실업계 공업고등학교였는데 당시 "실업계 특별 전형"이라는 제도가 있었다. 이 제도는 수능 점수를 실업계 학생들끼리만 경쟁하게 하는 제도였다. 당연히 일반 인문계 고등학생들보다 경쟁이 덜 치열해 열심히만 한다면 대학 진학이 상대적으로 수월했다.

이런 정보를 전혀 몰랐던 나는 형의 설명을 듣고 처음으로 마음이 설레고 흥분됐다. 내 삶에도 한 줄기 빛이 생기는 것 같았다. 대학을 졸업하면 쉽게 부자가 될 수 있을 것 같다는 생각도 들고 엄마의 어깨를 조금이나마 펴 드릴 수 있을 것 같다는 생각에 형의 말을 따르기로 했다. 그렇게 형의 제안은 내 인생의 새로운 전환점이 되었다.

나는 형에게 공부를 가르쳐 달라고 부탁했다. 우리는 그다음 해 1월 1일부터 교회에서 만나 공부할 수 있게 되었다. 형은 이미 서울대에 합격했는데 의대 진학을 목표로 재수를 결정한 상황이었다. 나는 1월 1일까지 기다릴 수 없어 집에 돌아가는 길에 구몬학습과 재능 학습지 상담원에게 전화해서 학습지를 해 보고 싶다고 했다.

다음 날, 학습지 회사에서 한 선생님이 방문해 내 레벨 테스트를 진행해 주셨다. 테스트 결과는 놀라웠다. 나는 초등학교 수준의 결과를 받았다. 당시 나의 수준은 영어 알파벳 대소문자조차 제대로 구분하지 못하는 정도였다. 선생님은 당장 수능을 위해 자신이 도울 수 있는 것이 없다고 말씀하셨다. 나는 교재만이라도 구입할 수 있도록 도와달라고 부탁드렸다. 마침내, 중학교부터 고등학교에 이르는 교재를 모두 구입할 수 있었다.

형을 기다리는 한 달 동안 그 책들을 무작정 보며 혼자 공부했다. 구체적으로 어떤 내용을 공부했는지 기억나지 않지만, 혼자 공부하며 알파벳 대소문자는 구분할 수 있게 되었다는 것은 확실히 기억하고 있다.

1월이 되자 형과의 공부가 본격적으로 시작되었다. 형은 첫 수업에서 나의 현재 상태를 파악한 후에 대학 진학은 현실적으로 어려울 것이라고 진

초긍정 마인드셋

지하게 말해 주었다. 형은 공부 말고 다른 방법을 찾아보는 게 좋을 것 같다고 하며 이 정도일 줄은 몰랐다고 오히려 미안해했다. 그러나 나는 할 수 있다고 형을 설득했다. 한 번만 도와달라며 어디서 생긴 간절함인지 형에게 간절하게 부탁했다.

형에게는 조건이 있었다. 그 조건은 자신이 내주는 숙제는 무조건 해 오는 것이었다. 형의 얘기를 듣고 나는 해볼 수 있다고 생각했고 포기하지 않고 한 번 시도해 보기로 했다. 이 결심을 바탕으로 고등학교 3학년 때 처음으로 진지하게 공부에 몰두하기 시작했다. 공부에 집중할 수 있도록 모든 방해가 될 요소들을 철저히 없애 버렸다. 평소 매일 만나던 친구들과의 약속은 물론이고 심지어 핸드폰 사용까지 전부 중단했다. 중독 수준이었던 버디버디 메신져 아이디마저 삭제하는 결단을 내렸다. 독서실에서는 가장 일찍 도착해 가장 늦게 떠났고 설사 잠을 조금 자더라도 그 한 해 동안은 정말로 내가 할 수 있는 최선을 다했다.

잠까지 줄이며 그해를 보낸 결과, 많은 이들이 불가능하다고 생각했던 대학에 입학할 수 있게 되었다. 대학 합격 소식은 주위 사람들에게 놀라움을 안겨 주었다. 이 경험은 나에게 정말로 무언가 원한다면 이룰 수 있다는 작은 자신감을 심어 주었다. 대학에 입학하고 학교생활을 하며 삶에 자신감이 생기기 시작했다. 예전에는 주변 사람들의 부정적인 시선을 받았지만, 이제는 성실히 학업을 마친 대학생으로 인정받고 있었다. 이러한 변화는 나에게 자부심을 주었고 사람들의 시선도 달라지는 것을 느낄 수 있었다. 대학 시절에는 좋은 직장에 취업하기 위해 다양한 대외 활동에 열심히 참여하며 스펙을 쌓았다. 결국 내가 원하는 좋은 회사에 취업할 수 있었다. 이후 이직도 하고 결혼도 하며 평범한 가정을 꾸려 나가며 행복하게 살고 있었다.

하지만 오랜 직장 생활 후에야 나는 깨달았다. 회사 생활만으로는 부자가 될 수 없다는 사실을. 이 깨달음은 나에게 깊은 고민과 함께 자아 성찰의 시간을 안겨 주었다. 나는 왜 이렇게 열심히 살았을까? 내가 지금까지 살아온 방식이 진정으로 내가 원했던 삶이었을까? 이런 식으로 계속 살아간다면, 평생 가족과 가까운 사람들에게 여유롭게 선물 하나 해 줄 수 없을 것 같은데 이대로 괜찮을까? 그동안의 노력이 무엇을 남겼는지 의문이 들었다.

삶의 방향 재정비

이런 고민이 들수록 나의 삶이 올바른 방향으로 나아가고 있는지 아니면 내가 원하는 것을 잃어버리고 사회적 기준에 맞춰 살아가고 있는지 생각해 보게 되었다. 나 자신과 가족을 위한 진정한 행복은 무엇일까? 그 행복을 이루기 위해 어떤 삶을 살아야 할지에 대한 답을 찾는 것이 나에게 가장 중요한 숙제가 되었다. 그러나 이러한 고민의 과정에서 나는 새로운 희망을 발견했다. 어려움 속에서도 긍정적인 마인드를 잃지 않고 내가 진정으로 원하는 삶의 방향을 찾기 위한 노력을 멈추지 않는다면 더 나은 미래를 만들 수 있다는 희망이었다.

돈의
노예가 되다

> "위험은 자신이 무엇을 하는지 모르는 데서 온다." – 워런 버핏

어린 시절의 가난은 나에게 깊은 상처를 남겼다. 성인이 되어서도 그 상처는 쉽게 아물지 않았다. 대학을 졸업하고 좋은 직장에 들어갔지만, 어릴 적 가난했던 시절의 기억이 마음 한편에 늘 남아 있었다. 나는 절대로 다시는 그런 상황으로 돌아가고 싶지 않았다. 그래서 돈을 벌기 위한 끊임없는 노력을 시작했다. 그 과정에서 내 삶의 다른 부분들을 소홀히 했다. 돈에 대한 집착은 나를 돈의 노예로 만들었다. 점차 나의 삶은 돈을 최우선으로 두는 방향으로 변해 갔다. 진정한 나의 가치와 행복을 무시한 채 오로지 물질적 성공만을 추구하게 되었다.

처음에는 그저 열심히 일해서 월급을 받는 것에 만족했다. 하지만 어느새 그것만으로는 충분하지 않다고 느껴졌다. 주위 사람들이 주식 투자로 큰돈

을 벌었다는 소식을 들으면 마음이 불편해졌다. 나도 그들처럼 더 많은 돈을 벌고 싶었다. 그렇게 내 인생에도 투자가 시작되었다. 처음에는 조심스럽게 적은 돈으로 주식을 시작했지만, 점점 더 많은 돈을 투자하며 큰돈도 과감하게 투자했다. 주식 시장의 등락에 내 마음도 오르락내리락했다.

주식 투자 수익에 만족할 수 없어 부동산 투자에도 관심을 두게 되었다. 주식 투자는 변동성이 크다며 주변에서 부동산 투자를 권유했다. 한 지인이 부동산으로 큰돈을 벌었다는 이야기를 해 줄 때마다 나도 지인처럼 돈을 벌고 싶었다. 나는 부동산에도 투자하기 시작했다. 여기저기서 정보를 수집했다. 부동산 투자 세미나에도 참석하며 투자할 기회를 노렸다. 부동산 시장이 활활 타오르기 시작할 때 나는 이것이 내 인생을 바꿀 절호의 기회라고 생각했다.

그 와중에 비트코인 열풍도 불었다. 주변에서는 누구나 쉽게 큰돈을 벌 수 있다고 했다. 나는 그 유혹을 뿌리칠 수 없었다. 비트코인에 투자하면서 나는 매일 24시간 시세를 확인하며 비트코인에 매달렸다. 주식, 부동산, 그리고 비트코인. 내 삶은 완전히 돈 벌기 위한 투자에 집중되었다. 투자 이외에 다른 것은 중요하지 않다고 생각했고 내가 지금 하고 있는 투자만이 나의 삶을 바꿀 수 있는 유일한 수단이라고 믿었다.

돈을 좇다 잃어버린 행복

미래를 위해 지금 행복할 수 없는 것이 당연하다고 생각했다. 가난은 죄이며 가난한 사람은 게으른 사람으로 바라보게 되었다. 사람의 내면을 보는 것이 아니라 점점 사람의 외적인 것에만 관심이 생겼다. 어디 사는지, 어떤 일을 하는지, 집안은 어떤지, 어떤 배경을 가졌는지, 어떤 옷을 입는지, 어떤 차를 타는지 그런 외적인 것들로 사람들을 판단했다. 나보다 나아 보이는 사람에게는 배울 것이 있는 사람으로 치부했고 그렇지 않은 사람들은 마음속으로 자연스럽게 그들을 무시했다. 이런 내 증상은 점점 더 심해졌고 모든 것을 돈으로만 평가하게 되었다. 투자 공부를 하지 않는 사람은 한심하다고 여겼다.

그렇게 몇 년의 시간을 보냈다. 가족과 식사하거나, 아이와 시간을 보내거나, 누군가를 만나거나, 회사에서 업무를 하는 와중에도 내 머릿속엔 언제나 돈 생각뿐이었다. "어떻게 하면 돈을 빨리, 쉽게 벌 수 있을까?" 그런 방법은 분명히 있으리라 생각했다. 하지만 전혀 그 앞이 보이지 않았다.

누군가의 도움이 필요하다고 느꼈지만, 그런 사람이 내 주위에는 없었다. 왜 내 주위에는 그런 사람이 없는 걸까? 가난한 집안인데 왜 도와줄 사람도 없는 걸까? 답답했다. 과거와 부모, 환경, 현재에 대한 불만과 불평이 내 삶을 채웠다. 왜 그때 그 길을 가지 않았는지, 왜 그런 선택을 했는지 후회가 반복됐다. 매일 밤을 누군가, 무언가를 원망하며 보냈다. 점점 내 삶에서 돈 이외의 것들이 사라지기 시작했다. 가족과의 시간, 친구들과의 만남, 운동, 취미까지. 모두 돈을 벌기 위한 일에 밀려났다. 원했던 것은 단지 안정적인 삶이었는데 어느새 나는 돈의 노예가 되어 있었다.

내면의 변화를 통한 깨달음

가장 충격적이었던 것은 모든 것을 돈으로만 바라보게 된 것이었다. 새로운 인간관계를 만들 때도 나의 목적은 오로지 돈 하나였다. 진정한 관계나 우정은 더 이상 중요하지 않았다. 나는 이전에 내가 원했던 삶을 살고 있지 않았다. 오직 돈을 위한 삶을 살고 있었다. 그렇게 돈에 빠져 살면서 내 삶은 점점 피폐해졌다.

회사 생활에서의 만족감도 사라졌다. 더 열심히, 즐겁게 할 수 있는 일들을 나 스스로 허드렛일이라 여기며 내가 하는 일에 대해 감사함이 없었다. 늘 불만이었다. 회사에서 보내는 시간이 아깝다고 느껴졌다. 나와 생각이 다른 사람들을 이해하지 못하고 한심하게 여기기도 했다. 최선을 다해 일하는 동료들을 보며 그들의 방식을 무시하고 등한시했다. 늘 빠르고 대충하는 방법만 찾았다. 열심히 일하는 동료들의 열정과 노력을 가치 없는 것으로 여겼다. 나는 속으로 동료들의 성실함을 비웃으며 그들과 깊은 관계를 피했다. 그들의 노력을 보며 "그렇게 열심히 해 봤자 뭐가 달라지겠어?"라고 생각했다. 나의 이러한 태도는 동료들과의 관계를 멀어지게 했고 회사에서 점점 나를 고립되게 했다. 나에게 회사 생활은 오직 돈을 버는 수단일 뿐 그 외의 모든 것은 시간 낭비이며 회사가 주는 다른 가치는 인정하지 않았다.

그러던 어느 날, 나는 거울 속에 비친 내 모습을 보고 충격을 받았다. 내 눈에는 이전의 나를 찾을 수 없었다. 무엇을 위해 살고 있는지 잃어버린 것 같았다. 나는 무엇을 위해 살고 있는 걸까? 정말로 이렇게 살아가는 것이 내가 원하는 삶인가? 나는 길을 잃어버린 것 같았다. 돈은 중요하다. 하지만 돈이 내 삶의 모든 것을 결정할 수는 없다는 것을 알게 되었다.

그제야 나는 내 삶을 돌아보기 시작했다. 가족과 함께하는 시간의 소중함, 친구들과의 진심 어린 대화, 내가 정말로 좋아하는 일에 시간을 쓰는 것의 중요성을 생각하게 되었다. 가족을 위해 돈을 좇았지만, 그 과정에서 어느덧 가족을 잃었다는 사실을 깨달았다. 돈만 좇다 보니 가족의 소중함을 잊어버리고 있다는 사실도 알게 되었다. 이 깨달음은 나에게 새로운 변화를 가져다주었다.

이제 돈이 아니라 가족과 함께하는 시간이 무엇보다 소중하다는 것을 안다. 아이와 뛰어놀고 배우자와 깊은 대화를 나누면서 삶에 진정한 행복을 느꼈다. 친구들과의 만남도 이제는 돈의 가치를 따지지 않고 서로의 삶을 진심으로 나누는 시간이 되었다.

나는 이 경험을 통해 내 삶에서 정말로 중요한 것이 무엇인지, 그리고 어떻게 하면 그것을 지키고 가꿀 수 있는지를 배우고 있다. 삶의 중심을 재정비하면서 나는 물질적 성공을 넘어 인간적 성숙을 추구하게 되었다. 가족과의 시간, 깊은 관계, 그리고 나 자신을 돌아보며 성장하는 시간이 내 삶의 진정한 가치를 만들어 가고 있다. 이런 변화는 내가 진정으로 원하고 추구해야 할 행복의 본질을 일깨워 준다. 이제 나는 주변 사람들과 더욱 깊이 있는 관계를 맺으며 그들과의 소통에서 큰 만족을 느낀다. 내면의 평안을 찾는 일은 쉽지 않지만, 그 과정 자체가 나를 더 행복하게 만들고 있다.

5

재테크 강의에
1,000만 원 쓰고 깨달은 점

> "경제적 빈곤은 문제가 아니다. 생각의 빈곤이 문제다." – 하쿠다 켄

 돈을 쉽고 빠르게 벌고자 하는 마음에 나는 지난 몇 년 동안 재테크에 관한 여러 경로를 탐색해 왔다. 유튜브나 인터넷에서 "돈 버는 방법"을 알려준다는 곳이 있으면, 일단 클릭했다. 책을 보거나 유튜브를 통해 재테크 강의를 판매하는 곳들을 대부분 찾아다녔다. 처음에는 비싼 수강료 때문에 망설였지만, 결국 나 자신을 위한 투자라고 생각하며 돈을 입금했다. 수만 원에서 수백만 원에 이르는 수강료를 내며 여러 강의를 들었다.

 이런 강의를 듣고 나면 나도 다른 사람들처럼 빨리 돈을 벌 수 있겠다는 꿈을 꾸었다. 대학교 때 토익학원에 다니며 점수가 오르는 것처럼 돈 버는 강의를 들으면 나도 금방 돈을 벌 수 있다고 생각했다. 하지만 강의를 들을수록 점점 혼란스러워졌다. 강의 내용이 내가 이미 알고 있던 것과 크게 다

38
초긍정 마인드셋

르지 않았을 때도 많았다. 때로는 가르치는 강사가 나보다 더 모르는 것 같다는 생각이 들기도 했다. 온라인에서 진짜 전문가를 구별하기 어려웠고 돈 버는 강의를 들어 본 적 없는 것도 원인일 수 있다.

현명한 선택을 위한 세 가지 기준

나는 강의를 수강한 이후에 돈을 벌지 못했다. 물론 모든 강의가 다 그런 것은 아니었다. 부동산, 자기 계발, 투자 등의 유료 강의를 통해 실질적인 도움을 받은 적도 있었다. 하지만 단순히 강의를 듣고서 부자가 될 수 있다는 생각은 버려야 했다. 유료 강의를 수강하기 전에 자신의 현재 상태를 정확히 파악하고 몇 가지 중요한 점을 고려해야 한다는 것을 깨달았다.

첫째, "나만의 비밀" 같은 것은 실제로 존재하지 않는다는 것이다. 많은 사람이 돈에 관심이 많고, 빠르게 성공하기를 원한다. 유명한 강의를 통해 삶이 마법처럼 변할 것이라 기대하지만, 실제로 그러한 강의의 내용은 대부분 이미 알고 있거나 어딘가에서 들어 본 것들이다. 이는 많은 강의가 그다지 새롭지 않다는 것을 의미하기도 한다.

둘째, 각자의 상황과 환경은 다르다는 것을 이해하게 되었다. 개인의 상태, 경험, 환경, 시기가 다양하므로 전문가의 조언을 자신의 상황에 맞게 적용하는 것이 필요하다. 이를 통해 재테크 전략은 개인마다 다르게 작용할 수 있다는 것을 배웠다. 따라서 자신만의 상황을 정확히 분석하고 그에 맞는 전략을 수립하는 것이 필수적이다.

셋째, 현재 AI 시대에 살며 정보의 홍수 속에서 진짜와 가짜를 구분하기가 어렵다는 것을 알았다. 돈을 버는 영역은 특히 다양한 배경과 환경의 사람들이 모여 있어 진짜 전문가를 찾기 어렵다. 따라서 잘못된 정보에 속아 불필요한 일을 계속하게 되는 경우가 많다. 이런 상황에서 진짜와 가짜를 구별할 수 있는 최소한의 지식을 갖추는 것이 중요하다.

이를 위해서는 시간을 투자하여 충분히 공부하고, 스스로 연구해야 한다. 하루아침에 얻어지는 지식은 없으며 지속적인 노력과 연구를 통해 필요한 강의와 멘토를 찾는 것도 중요하다. 이러한 깨달음을 바탕으로 나는 앞으로 재테크에 접근하는 방식을 바꾸기로 했다. 더 이상 빠른 성공이나 쉬운 방법을 찾기보다는 장기적인 관점에서 자산을 관리하고 성장시키는 방향으로 나아갈 것이다. 그렇다면 어떻게 좋은 강의와 멘토를 찾을 수 있을까?

효과적인 재테크 접근 방법

먼저, 관심 있는 분야에 대해 최소 세 권 이상의 책을 읽어야 한다. 오직 나만이 나의 상황과 환경을 가장 잘 이해할 수 있으며, 자신에 대한 깊은 이해를 바탕으로 필요한 지식을 습득해야 하기 때문이다. 이는 심지어 전문가조차도 완벽히 이해할 수 없는 부분이다. 맞춤 정장을 제작할 때 재단사가 고객의 몸매를 완벽히 이해하지 못한다면 이상적인 정장을 만들어 낼수 없듯이, 내 상황과 환경을 정확히 파악하지 못했다면 아무리 좋은 것이라 할지라도 아무 소용이 없다. 이해도가 높을수록 더욱 적합하고 개인화된 전략을 얻을 수 있다. 이를 위해 책을 읽고 공부한 내용을 여러 번 재독하고 복습하여 머릿속에서 정리하는 것이 도움이 된다. 글로 자신의 문제와 상황을 정리하는 것도 좋다. 이를 통해 문제를 새로운 시각으로 바라보게 되며 자신에게 적합한 학습 방향을 설정할 수 있다. 이 시점에서 유료강의를 듣는 것도 늦지 않다.

재테크 강의는 단지 도구일 뿐이다. 재테크에 대한 지식을 제공할 뿐 그자체로 성공을 보장해 주지는 않는다. 강의를 통해 얻은 지식을 실천에 옮기고 자신의 상황에 맞게 적용하는 것이 핵심이다. 오랜 시간 꾸준히 공부하고 노력해야만 지속 가능한 성공을 거둘 수 있다. 나는 처음에 이러한 사실들을 모르고 마음만 앞섰기 때문에 정신적, 육체적, 경제적으로 큰 손해를 겪었다. 불안감과 조바심이 커지면서 올바른 결정을 내리기가 어려웠다. 그래서 나와 같은 문제로 고민하는 이들에게 내가 추천하는 방법은 스스로 공부해 보는 것이다.

재테크는 단순히 돈을 벌기 위한 수단이 아니다. 삶을 풍요롭게 만드는 전략이다. 이를 깨닫고 나니, 재테크를 바라보는 관점이 바뀌었다. 이제 재테크를 단순한 수익 창출 방법이 아니라 삶의 목표를 실현하기 위한 하나의 도구로 생각하게 되었다. 재테크 강의에서 배운 지식을 나의 상황에 맞게 적용하고 이를 꾸준히 실행하는 것이 좋은 방법이다.

아무리 좋은 강의, 멘토, 또는 책이라 할지라도 결국 중요한 것은 나 자신의 변화와 수용, 실행에 있음을 알아야 한다. 세상에는 다양한 지식과 정보가 넘쳐나고 우리는 끊임없이 수많은 기회를 얻을 수 있다. 이 모든 것들이 실질적인 변화로 이어지기 위해서는 나 자신이 그 중심에 있어야 한다. 내가 변화하고자 하는 의지가 없고 배우려는 노력을 기울이지 않는다면, 아무리 가치 있는 강의나 훌륭한 멘토들을 만나도 그것은 의미 없는 일이 될 수 있다. 우리는 자주 외부 요인에 의존해 변화를 기대하곤 한다.

하지만 진정한 변화는 내 안에서 시작된다. 내가 스스로 배우고자 하는 열정, 변화를 실행에 옮기려는 결심, 그리고 새로운 것을 받아들이려는 태도가 모든 것을 바꿀 수 있는 열쇠다. 이러한 깨달음은 나에게 재테크뿐만 아니라 삶의 모든 영역에서 내가 직접 행동해야 한다는 것을 일깨워 주었다. 스스로 노력하고 실행에 옮기는 과정에서 우리는 진정으로 성장하고 발전할 수 있다. 모든 변화의 출발점은 자기의 마음가짐에서 비롯된다. 자

초긍정 마인드셋

신의 변화를 통해 얻은 교훈과 경험은 다른 어떤 외부의 지식보다 가치가 있다. 이는 인생의 다양한 문제에 대해 현명하게 대처할 힘을 준다. 이제 모든 도전과 기회 앞에서 주도적으로 행동할 준비가 되어 있는지 스스로 점검해 보자. 자신의 내면을 들여다보고 진실한 자기 자신과 마주하는 것, 그것이 바로 자기 발전의 길이다.

건강한 몸,
건강한 마음

결혼을 하고 삶의 많은 변화가 있었다. 그중 가장 큰 변화는 체중 증가였다. 육아와 야식, 그리고 새롭게 이직한 회사의 회식 등으로 인해 체중은 15kg 가까이 증가했다. 다이어트를 해야겠다는 결심은 늘 해 왔지만, 다이어트를 할수록 체중은 계속 늘어만 갔다. 이런 상황에서 나는 삶의 변화가 필요하다는 강한 결심을 하게 되었다.

내 인생에서 실패했던 여러 개인적 목표를 다시 설정하며 먼저 계속 증가하고 있는 체중 문제에 집중하기로 했다. 옷이 맞지 않고 옆구리 살이 눈에 띄게 보이는 것에 오랫동안 답답함을 느꼈다. 할 수 있을까 하는 걱정과 부담감을 떨쳐 내고 체중 감량에 진지하게 도전하기로 했다. 목표를 세웠다. 반복되는 실패를 피하기 위해 구체적인 계획도 마련했다. 이 과정에서 자기관리와 지속 가능한 건강 습관을 위한 노력이 시작되었다.

식습관 개선을 위해 고칼로리 음식은 피하고 건강한 식단으로 전환했다. 가장 먼저 닭가슴살과 미역 국수 같은 저칼로리 식품을 주문했다. 회사에서 팀원들과 식사할 때도 탄수화물을 절대 섭취하지 않았다. 동시에 규칙적인 운동을 일상에 포함했다. 동네 수영장에서 6개월 간의 수강료를 전액 현금으로 결제하며 포기할 수 없는 환경을 만들었다.

이러한 변화가 초기에는 굉장히 힘들었지만, 점차 새로운 식습관과 운동 루틴에 익숙해지기 시작했다. 수영을 통해 체력을 기르고 정신적으로도 안정을 찾을 수 있었다. 초기의 어려움을 극복하고 나니 다이어트와 운동이 점차 생활의 일부가 되었다. 처음에는 체중 감량에 거의 변화가 없어 조급해질 때도 있었지만, 지속적인 노력과 인내가 결국 보람 있는 결과를 가져왔다.

변화가 일어나다

50일이 지나면서 체중이 눈에 띄게 감소하기 시작했다. 이는 매일 아침 거울 앞에서 보는 내 모습의 변화와 함께 점점 더 많은 활력을 느끼게 했다. 두 달 정도가 지나자 주변 사람들도 내 몸의 변화를 인지하기 시작했다. 긍정적인 반응들이 나의 동기부여가 되었다. 3개월 후 체중 12kg을 감량했다. 나의 건강과 외모에도 변화가 생겨났다.

일상에서도 긍정적인 에너지가 이어졌다. 옷장 속 옷들이 헐렁해지며 새로운 스타일을 시도할 수 있는 즐거움도 경험하게 되었다.

이제 나는 더 건강하고 활기찬 삶을 지속하기 위해 균형 잡힌 식단을 유지하고 규칙적인 운동을 통해 건강을 관리하고 있다. 이 모든 과정은 나에게 새로운 삶의 방식을 깨닫게 해 주었다. 앞으로도 이 건강한 생활 습관을 지속할 것이다. 체중 감량을 넘어 나는 일상에서의 작은 성공을 기념하며 더 큰 목표를 향해 나아가게 되었다.

다이어트 성공을 통해 긍정적인 생각이 떠오르며 조금씩 더 발전할 수 있다는 가능성을 느꼈다. 근육 키우는 방법을 알아보고 기존 운동법을 변경하는 등 식습관 조절을 포함한 크고 작은 변화를 시도하며 새로운 도전에 용기를 얻었다. 더 이상 "할 수 없다."라는 생각이 아니라 "할 수 있다."라는 자신감이 나를 채웠다. 이 경험 덕분에 작은 변화가 어떻게 큰 변화로 이어질 수 있는지 배울 수 있었다.

몸의 변화를 통해 얻은 자신감을 가지고 직장이나 가정에서 더 자신감 있게 행동할 수 있었다. 주변 사람들로부터 변화에 대한 칭찬을 듣는 것이 기쁨과 인생의 새로운 즐거움으로도 다가왔다. 작은 목표를 이루는 과정에서 얻은 자신감을 목표 달성에 활용하면서 삶의 변화가 일어날 수 있음을 깨달았다. 이 작은 변화의 성공이 목표 달성으로 이어질 수 있다는 것은 다

이어트에만 국한되지 않았다. 이는 인간의 삶 전반에 걸쳐 다양한 영역으로 확장되어, 평소에 꿈꾸던 목표를 향해 나아갈 기회를 주었다.

인내와 노력이 만드는 건강한 변화

이 경험을 통해 변화에는 반드시 시간과 노력이 필요하다는 것을 알게 되었다. 새로운 변화를 기다리며 인내심을 가질 수 있게 되었고, 조금씩 변화하는 내 모습이 결국 나를 성장하게 만든다는 것을 깨달았다. 우리의 인생이 끝없는 가능성을 지니고 있다는 사실도 알았다.

변화의 여정에서 건강에 좀 더 주의를 기울이기 시작하자 정신적, 육체적으로 건강해졌다. 이는 나에게 새로운 에너지와 활력을 가져다주었고, 일과 삶의 질을 높이는 데 큰 도움이 되었다.

나는 이제 건강한 생활 습관을 유지함으로써 삶의 모든 영역에서 더욱 활기차고 긍정적인 태도를 갖게 되었다. 건강한 몸은 단순히 물리적인 이점을 넘어 정신적인 만족과 삶의 질을 향상하는 중요한 부분이다.

인생에는 다양한 목표와 이루고 싶은 소망이 존재하지만, 다이어트와 건강한 생활 습관의 변화는 인풋 대비 아웃풋의 관점에서 가장 빠르고 강력하게 변화를 가져다주는 수단 중 하나이다. 몸의 변화는 정말로 놀라운 우리 삶의 변화를 가져올 수 있다. 만약 더 나은 삶을 살기를 원한다면 가장 먼저 건강한 몸을 위한 변화를 시작해 보자. 건강한 식단과 꾸준한 운동은 단순히 체중 감량에 그치지 않고 정신 건강, 자신감 및 삶의 질을 향상하는 데 큰 도움을 준다. 이런 생활 습관의 변화는 활력 넘치고 긍정적인 일상을 만들어 삶에 대한 만족도를 높여 준다.

정신적으로나 육체적으로 건강해지기는 쉬운 일이 아니다. 하지만 지속적인 노력으로 누구나 성취할 수 있다. 건강한 식단을 유지하고 규칙적인 운동을 하는 것은 단순한 체중 관리를 넘어서 우리의 삶을 개선한다. 스트레스 감소, 수면의 질, 그리고 더 큰 에너지를 만들어 주며 이 모든 것이 결합하여 일상의 만족도와 생산성을 높인다.

오늘부터라도 식단 조절을 시작하고, 몸을 움직이는 습관을 조금씩 늘려 보자. 첫걸음은 힘들 수 있지만, 그 첫걸음이 가져오는 변화의 파동은 인생을 바꿀 만큼 강력하다. 이 모든 노력은 결국 더 행복하고 건강한 삶을 향한 투자이며 이 투자는 분명 큰 보상을 가져다줄 것이다. 시작은 작은 변화에서부터. 오늘 당장 작은 변화의 걸음을 내디뎌 보자.

결심하면
변화한다

변화를 결심하며 작은 행동을 실천했고, 그 결과 내 삶이 달라졌다. 현재 나는 의식적으로 부정적인 것에 에너지를 낭비하지 않기 위해 여러 가지 노력을 하고 있다. 특히 집중하고 있는 부분은 남 탓을 하지 않는 것이다. 예전에는 부정적인 생각이 들 때마다 핑계를 찾거나 대곤 했다. 기분이 상해도, 어떤 일이 안 되어도, 짜증이 나도 늘 누군가나 무엇인가를 탓하며 불만과 불평을 했다. 그러나 그런 작은 불만이 부정적인 에너지로 스며들어 몇 시간이나 하루 종일 내 삶에 영향을 미치고 있다는 것을 깨달았다.

심지어 좋은 일이 있더라도 그것은 금방 잊어버리고, 사소한 일로 인해 부정적인 감정이 하루를 망치기도 했다. 한 번 시작된 부정적인 감정을 멈추는 것은 나에게 어려운 일이었다. 하지만 내 삶에 긍정적인 변화가 일어나면서 남을 탓하지 않고 책임을 지기로 한 결심을 실천에 옮기기 시작했다. 예전에는 가난했던 가정환경이나 힘든 직장 생활, 어려운 인간관계 또는 사회적인 문제에 직면하면 늘 주변 환경을 탓했다. 더 좋은 부모를 만났더라면, 더 좋은 사람들이 주변에 있었다면, 더 좋은 환경에서 자랐다면 더 나은 삶을 살았을 것이라고 생각했다.

모든 것은 나로부터 시작된다

최근에야 모든 것은 나로부터 시작된다는 것을 깨달았다. 모든 사람의 주어진 환경과 상황은 다르다. 어떤 사람들은 더 좋은 출발점에서 시작하고, 또 어떤 사람들은 더 어려운 상황에서 시작하기도 한다. 그러나 매 순간 일어나는 상황의 문제 해결은 오직 나 자신만이 할 수 있다. 이는 전적으로 나 자신에게 달린 선택의 문제이다. 누군가가 나 대신 문제를 해결해 주지 않는다. 좋은 환경이 주어져도 그것을 활용하지 못하면 결과는 좋지 않을 수 있다. 반면, 어려운 환경에서 출발하더라도 최선을 다하는 노력과 올바른 선택을 통해 긍정적인 변화가 일어날 수 있다.

주어진 상황을 탓하지 않고 문제 해결을 위해 노력하는 태도로 우리는 삶을 헤쳐 나가야 한다. 이런 접근을 통해서만 누구에게나 긍정적인 변화가 찾아올 것이다. 바꿀 수 없는 것에 집착하기보다 자신에게 집중하고 자신의 삶을 책임지며, 삶의 문제를 지혜롭게 해결해 나간다면 당신의 삶에

초긍정 마인드셋

도 분명 좋은 변화가 일어날 것이다.

내 인생을 되돌아보면 가장 힘든 시기가 오히려 큰 성장과 변화의 기회였음을 알 수 있다. 대학 진학, 취업, 이직, 결혼, 투자, 건강 관리, 인간관계 등 다양한 어려움에 직면했을 때 포기하지 않고 할 수 있는 일에 집중하며 노력했을 때 항상 긍정적인 변화와 좋은 결과를 맞이할 수 있었다.

이처럼 어려운 상황에서도 끝까지 최선을 다하는 것이 내 삶을 긍정적으로 변화시키는 원동력이었다. 하지만 우리는 과거의 어려움과 고통을 잊고 감사한 순간들을 쉽게 잊어버린다. 과거의 선택을 후회하고 불평하기도 한다. 과거에 어려움과 고통을 극복하며 성장하고 변화를 경험했음에도 불구하고, 우리는 그 순간들을 잊고 변화를 두려워한다. 현재 상황을 비판하고 불평하며 과거를 후회한다. 인간은 변화를 본능적으로 싫어한다. 변화는 항상 불편하고 때로는 고통스러운 과정을 수반하기 때문이다. 때때로 이 변화 자체가 고난을 불러올 수도 있다. 하지만 변화를 거부하는 것은 현재 상태를 유지하는 것이 아니라 쇠퇴하는 것임을 인식해야 한다. 변화는 생존 그 자체다.

우리는 더 나은 삶을 원하면서도 도전하기보다는 편안함을 선택한다. 안타깝게도 변화는 갑자기 일어나지 않는다. 그것은 지속적인 과정과 노력이 필요하다. 변화는 시간의 축적과 노력이 더해져서 조금씩 이루어진다. 이러한 변화 과정에서 나 자신의 변화를 인식하기는 어려울 수 있다. 변화는 서서히 이루어지고, 그 과정이 지루하다고 생각되기 때문에 많은 사람이 견디지 못하고 포기하거나 지쳐버리는 경우가 많다. 그러나 아무리 지루하고 느리더라도 그것이 변화의 과정이라는 것을 이해하면 포기하지 않고 지속적인 노력으로 변화된 삶을 얻을 수 있다. 이 과정이 바로 성장으로 가는 길이다. 변화를 두려워하지 않고, 작은 변화라도 꾸준히 쌓아 나가며 인내한다면, 우리는 더 나은 삶을 만들어 갈 수 있다.

노력과 인내의 중요성

서장훈이 예전에 청춘 페스티벌에서 했던 말에 꽤 공감이 갔다. 그는 "즐기면서 일하며 성공할 거라 기대하지 말라."고 조언했다. 요즘 많이들 하는 말, "즐기면서 일해라."에 반기를 든 것이다. 서장훈의 생각은, 성공을 정말 원한다면, 그저 즐거워만 해선 안 된다는 것이다. "노력 없이 즐기기만 해서는 성공 못 한다."며 진짜 원한다면 노력과 헌신이 필수라고 강조했다. 이 말은 성공을 향해 가기 위해서는 즐거움만으로는 부족하다는 걸 잘 보여준다. 만약 우리가 성공을 추구하고 목표를 향해 노력하고자 한다면, 단순한 즐거움에 안주해서는 안 된다는 말이다.

이런 관점에서 골프의 영웅 박세리의 이야기도 비슷하다. 그녀는 선수

시절 항상 압박감 속에서 연습하고 경기에 나섰다. 골프를 칠 때도 한 번도 즐긴 적이 없었다고 한다. 그런데도 그녀의 노력과 헌신은 그녀를 성공으로 이끌었다. 변화를 원한다면, 수많은 과정의 시간과 노력이 필요하다. 박세리의 예에서 알 수 있듯이 성공으로 가는 길은 험난하고 도전적이다. 많은 이들이 자신의 꿈과 목표를 향해 나아가는 과정에서 어려움과 시련을 겪는다. 하지만 그녀의 이야기는 우리에게 꾸준한 노력과 인내심이 결국 큰 성공으로 이어진다는 중요한 교훈을 준다. 변화를 위한 노력은 쉽지 않지만, 그 과정에서 얻는 성장과 발전은 헛되지 않다.

우리가 겪는 어려움과 도전은 우리를 더 강하고 지혜롭게 만든다. 어떤 상황에서도 포기하지 않고 꾸준히 인내심을 갖는 것이 중요하다. 박세리처럼 어려움 속에서도 끝까지 노력하고 인내한다면, 삶은 우리가 원하는 모습으로 조금씩 변화한다. 이것이 변화를 통한 성공의 의미이며, 우리 각자가 추구해야 할 삶의 태도다. 변화의 과정은 힘들고 지루하다. 그래서 많은 사람이 이러한 변화를 경험하지 못한다. 하지만 변화만이 성공을 가져다줄 수 있다는 사실을 인정해야 한다. 불편하고 지루한 시간을 견디며 실천한다면 누구나 원하는 삶의 변화를 이룰 수 있다. 삶이 바뀌길 원한다면, 지금 당장 변화의 길을 걷기 시작하자. 그 길은 자신만의 속도로, 한 걸음씩 차근차근 나아가는 것이다. 변화는 작은 노력들이 쌓여 만들어지는 것이다. 이를 통해 우리는 원하는 목표에 도달할 수 있으며, 우리의 삶을 긍정적으로 변화시킬 수 있다. 지금, 이 순간부터 작은 변화의 씨앗을 심고, 꾸준히 가꾸어 나가자. 그것이 바로 성공으로 가는 길이다.

《 제2장 》

책 속에 길이 있다

인생을 바꾼
100권의 책

부끄럽지만, 평생 읽은 책이 겨우 10권에 불과했다. 책을 읽는 사람들을 보며 "어떻게 저 재미없는 책들을 읽을까?"라고 생각했다. 책에 대한 흥미가 없었던 나는 독서가 어려웠고, 책을 통해 한 번도 재미를 느낀 적이 없었다. 이 시대에서는 스마트폰으로 모든 것을 해결할 수 있는데, 책은 구식으로만 느껴지기도 했다. 정보는 인터넷 포털 사이트나 유튜브를 통해 쉽게 얻을 수 있었기에 책은 나에게 별다른 의미가 없었다.

그러던 어느 날, 우연히 들어간 서점에서 "쉽게 돈을 벌 수 있다."는 내용의 책을 발견하고 호기심에 이끌려 구매하게 되었다. 이 책을 읽으면서 저자가 나와 비슷한 환경에서 출발해 성공한 이야기를 통해 공감대를 형성하게 되었다. 점차 책 속의 내용에서 재미가 느껴졌다. 이 책을 계기로 나는 다른 저자들의 책에도 관심을 가지며 그들이 추천하는 책을 찾아 읽는 것에 몰입하게 되었다.

이러한 경험은 내가 책을 바라보는 관점을 완전히 변화시켰다. 저자의 생각이나 환경이 나와 비슷한 경우 책의 내용이 더 흥미롭게 다가왔다. 재밌게 읽은 책의 저자가 추천하는 다른 책들도 찾아 읽어 보았다. 서서히 다양한 책들을 읽는 즐거움에 빠져들면서 책을 통해 새로운 지식을 접하고 책의 매력을 조금씩 느끼게 되었다. 다양한 저자들의 삶과 그들의 변화가 놀라웠고 나도 그런 변화를 경험하고 싶다는 생각이 들었다. 그들의 변화 방법이 진정 효과적인지 궁금해졌고 그들의 삶을 변화시킨 이야기는 나에게 영감을 주었다. 나는 저자들이 소개해 준 방법 중 실천할 수 있는 것들을 내 삶에 적용해 보기로 했다. 나의 관심 분야에 대한 지식을 더 깊이 알아보고자 관련 책들도 찾아 읽기 시작했다. 이 과정에서 나는 이전에 관심을 가졌던 분야의 책들을 찾아보며 독서의 즐거움을 깊이 느끼게 되었다.

다양한 분야로의 확장

책은 점차 내 삶의 일부가 되었다. 처음부터 100권을 읽겠다는 목표를 세우지 않았지만, 하나둘 책을 읽으면서 내 생각과 삶에 변화가 나타났다. 이 변화를 인지한 순간 내 책장에는 이미 100권이 넘는 책들이 자리 잡고 있었다. 처음에는 주로 돈과 투자에 관한 책들을 읽었다. 코로나 팬데믹으로 인해 집에서 보내는 시간이 늘어나면서 독서를 할 수 있는 시간도 많아졌다. 처음에는 코인, 주식, 부동산과 같은 투자 분야의 책들을 읽었지만, 시간이 지나면서 내 관심사는 다양한 주제로 확장되었다.

코로나 시절 부동산, 주식, 비트코인과 같은 투자 자산이 급등했다. 이러한 시장의 급격한 성장은 특히 많은 직장인의 관심을 끌었고 나 역시 자연스럽게 그 흐름에 빠져들었다. 외부 활동의 제한 속에서 유튜브와 스마트폰을 통해 세상과 연결되어 새로운 경험을 하게 되었다. 평소보다 훨씬 많은 책도 읽을 수 있었다. 사회적 거리 두기로 인해 대인 관계가 줄어든 대신 온라인 커뮤니티를 통해 새로운 사람들을 만나며 이야기를 나누게 되었다. 이 커뮤니티의 회원 대부분은 자기 계발과 재테크 관련 책을 꾸준히 읽는 사람들이었다. 이 사람들과 이야기를 나누면서 전에는 몰랐던 것들을 새롭게 배우는 기회가 많아졌다. 자연스럽게 이들과의 대화를 통해 책을 읽는 것이 얼마나 중요한지 다시 한번 깨닫게 되었다.

그들과의 교류는 나에게 책을 통해 새로운 지식을 배우고 내 삶을 변화시킬 수 있는 동기를 부여했다. 책이 단순한 지식의 원천이 아니라 변화와 성장을 위한 실질적인 도구라는 것을 점차 깨달았다. 커뮤니티 회원들은 책에서 배운 내용을 자기 삶에 적용하며 날마다 더 의미 있게 나아가기 위해 노력하는 모습을 보여 주었다. 그들의 이야기와 추천하는 책들을 통해 나도 내 삶에 변화를 주고 싶다는 욕구를 느끼기 시작했다. 이렇게 독서에 대한 열정이 불타올랐다. 나는 서점을 자주 찾게 되었고, 특정 주제에 대해 더 깊이 이해하고자 관련 책들을 찾아 읽었다.

처음에는 투자와 재테크에 초점을 맞췄다. 하지만 시간이 흐르며 다양한 분야로 확장되었다. 관심사에서 출발해 이제는 인문학, 종교, 전문 지식, 심리 등 다양한 분야의 책들을 읽고 있다. 독서는 이제 내 삶의 중요한 부분이 되었다. 책을 통해 새로운 발견과 성장의 기회를 발견하고 있다.

일하는 중에 책을 읽는 게 쉽지 않아 시간을 일부러 내서 서점에 가거나 인터넷으로 책을 주문했다. 독서를 통해 효과적인 읽기 방법들도 배웠다. 볼펜으로 밑줄을 긋고 낙서하며 읽기 시작했는데 이 방법이 이해력을 높이고 내용을 더 잘 기억하게 해 줬다. 읽은 내용을 실생활에 적용하려는 목적이었다.

재미없거나 읽기 어려운 책은 과감히 덮어 버렸다. 읽히지 않는 책에 시간을 낭비하고 싶지 않았다. 이 과정에서 모든 부분을 꼭 다 읽어야 한다는 압박에서 벗어났다. 내게 필요하고 흥미로운 부분만 읽어도 충분히 가치가 있다는 걸 깨달았다. 이런 식으로 독서를 하니 책 읽기가 훨씬 쉽고 즐거워졌다.

자립적인 사고의 시작

책을 접하기 전에 나는 사람들에게 의존해서 살았다. 문제가 생길 때마다 다른 사람들의 조언을 구했다. 그 사람의 경험이나 능력과는 상관없이 나보다 높은 위치에 있는 사람이면 누구에게나 먼저 도움을 요청했다. 문제 해결을 위해 항상 다른 사람의 도움을 구하는 것이 현명한 방법이라 생각했다. 그래서 항상 다른 사람들에게 잘 보이려고 노력했다. 하지만 책을 읽기 시작하면서 내 관점이 바뀌기 시작했다. 문제가 생길 때마다 사람들을 찾아가기보다 책에서 해결책을 찾았다. 책은 나와 비슷한 문제를 겪었던 사람들의 경험과 교훈을 담고 있어 실질적인 도움을 줬다. 새로운 해결책, 조언, 나아갈 방향을 찾을 수 있었다. 문제가 생길 때마다 책을 찾는 습관이 생기면서 점점 독립적이고 자립적인 사고를 하게 되었다. 책을 통해 스스로 생각하고 판단하는 힘을 길렀고 이는 내 삶에 긍정적인 변화를 불러왔다.

책은 나에게 삶의 다양한 문제에 대한 해답을 찾는 수단이 되었다. 책 속 이야기들이 나의 경험과 연결되어 새로운 지식과 시각을 준다. 책은 단순한 정보를 넘어서 삶의 지혜를 배울 수 있는 귀중한 도구라는 것을 알게 되었다. 이를 통해 나의 삶에 대한 이해와 자기 인식이 깊어졌다. 이는 나를 조금 더 성숙하고 지혜롭게 성장하게 했다. 책을 통해 얻은 지식과 경험은 내 삶의 근본적인 변화를 이끌었다. 이것이 바로 책의 진정한 가치라고 느낀다.

　이제는 인생의 고민이나 어려움이 있을 때 책을 통해서 나의 상황에 맞는 방법을 찾아보고 책에서 알려 주는 방법을 실행한다. 책 속의 다양한 이야기와 사례는 내가 미처 시도하지 못한 것들을 새롭게 알려 준다. 이런 변화를 내 삶에서 체험하니 책을 가까이할 수 있게 되었다. 이제 나는 다른 사람에게 의존하는 것이 아니라 문제가 있었을 때 내 상황을 파악하고 내가 문제를 스스로 해결하는 힘을 기를 수 있게 된 것이다.

책이 준
인생 멘토링

> "긴 하루 끝에 좋은 책이 기다리고 있다는 생각만으로
> 그날은 더 행복해진다." – 캐슬린 노리스

인생은 수많은 어려움과 도전으로 가득 차 있다. 우리는 모두 자신만의 사연과 마주하고 있는 다양한 문제들을 가지고 있다. 문제에 직면할 때 우리는 선택해야 하고 선택은 우리 삶의 방향을 결정한다. 삶에서 겪을 수 있는 경험은 제한적이며 이는 우리의 출생, 경제적 상황, 성별, 가족 등에 따라 달라진다. 새로운 변화와 환경에 직면할 때 그 도전은 누구에게나 어려운 일이다. 이러한 문제를 지혜롭게 해결하기 위해서는 다양한 경험과 사례가 필요하다. 마치 게임에서 다음 레벨로 넘어갈 때 공략집을 참고하면 쉽게 클리어할 수 있듯, 인생의 문제에 직면할 때도 이러한 공략집이 있다면 큰 도움이 될 것이다.

가이드는 우리가 어려운 상황을 극복하고 더 나은 결정을 내리는 데 필

요한 통찰력과 방향을 제공해 준다. 독서는 바로 이러한 인생의 공략집과 같다. 책은 다양한 사람들의 경험과 지혜를 담고 있으며 우리가 마주할 수 있는 어려움과 도전에 대한 해결책을 제시한다. 책은 나침반과 같은 역할을 하며 어디로 가야 할지 모를 때 방향을 알려 주기도 한다. 제한된 시간을 초월해 다른 사람이 경험한 결과물을 간접적으로 경험할 수 있는 것이 책의 큰 장점 중 하나이다.

나도 처음엔 책을 통해 사람이 변할 수 있다는 생각에 회의적이었지만 책에서 배운 것을 삶에 적용하며 변화를 경험했다. 아내와 의견 대립이 있을 때 책에서 배운 대화의 중요성을 실천해 보니 오해가 줄고 관계도 개선되었다. 이직 과정에서도 책에서 얻은 조언이 도움이 되었다. 새 직장에 빠르게 적응하는 팁들을 적용해 업무 효율성을 높이고 동료들과의 신뢰를 쌓을 수 있었다. 특히 "중요한 것에 먼저 집중하라."는 책에서 얻은 조언은 매일 하는 업무의 우선순위를 정하는 데 도움을 주었다. 남의 평가에 휘둘리지 않고 내 일에 집중함으로써 업무 효율을 높이고 삶의 질을 향상할 수 있었다. 이 모든 경험은 책이 삶에 긍정적인 변화를 가져다줄 수 있다는 것을 증명해 주었다.

책에서 배운 것을 실생활에 활용하기

『데일 카네기의 인간관계론』은 내 인간관계에 변화를 불러왔다. 카네기는 인간의 기본적인 필요와 감정을 중심으로 상대방과의 관계를 강화하는 방법을 제시한다. 이 책에서 얻은 중요한 교훈 중 하나는 "상대방에 대해 진정한 관심을 두고 경청하는 것"이었다. 나는 이 배움을 실제 생활에 적용하기 시작했을 때 동료들과의 관계가 개선되는 것을 경험했다.

한 동료와 프로젝트를 수행하는 과정에서 의견 충돌이 발생한 적이 있었다. 이 프로젝트는 고객의 요구사항을 최대한 빠르게 충족시키는 것이 중요했다. 동료와 나는 고객의 요구를 해결하는 방식에 대해 서로 다른 접근 방식을 가지고 있었다. 이전 같았으면 나는 내 의견을 강하게 주장하고 내 방식대로 일을 진행하려 했을 것이다. 그러나 데일 카네기의 가르침을 통해 배운 것을 실천하기로 하고 먼저 동료의 의견을 들었다. 동료는 고객의 요구를 충족시킬 수 있는 새로운 소프트웨어 업데이트 사용을 제안했다. 처음엔 의심스러웠지만, 경청하고 그의 관점을 이해하려 노력한 결과 동료의 제안이 프로젝트 효율을 높일 수 있음을 인정하게 되었다. 이 접근은 프로젝트를 원활하게 진행시켰다. 결국 프로젝트는 성공적으로 완료되었고 동료와의 협력은 팀 전체에 긍정적인 영향을 미쳤다. 또한 동료와의 관계 개선 및 신뢰 구축에도 기여했다.

얼마 전, 나는 오랜 친구와의 관계에서도 비슷한 경험을 했다. 우리는 대학 시절부터 친한 사이였지만, 최근 몇 년 동안 서로 바쁜 일상으로 인해 관계가 소원해지기 시작했다. 그러던 어느 날, 우연히 같은 카페에서 마주쳤고 그 자리에서 우리는 서로의 최근 근황을 나누게 되었다. 대화 중에 나는 친구가 최근 겪은 어려움에 대해 알게 되었다. 그는 직장에서의 스트레스와 개인적인 문제로 인해 힘들어하고 있었다. 이전 같았다면 나는 그저 겉핥기식으로 위로하거나 해결책을 제시했을 것이다. 하지만 이번에는 다르게 접근해 보기로 했다. 나는 친구의 이야기를 진심으로 듣고 그의 감정과 생각을 이해하려 노력했다. 대화하는 동안 나의 의견을 주장하기보다는 그저 경청하며 친구의 이야기에 공감했다. 이야기 중간에 끼어들고 싶은 마음도 있었지만, 끝까지 경청했다. 친구의 말을 끝까지 다 듣고 무슨 말을 해 줄지 고민하는 와중에 친구는 갑자기 나에게 고마움을 표현했다. 평소에 감정 표현을 잘 하지 않는 친구였기에 그의 말은 나에게 놀라웠다. 그는 오랫동안 이런 식으로 깊은 대화를 나눈 적이 없다고 말했다. 내가 아무 말도 하지 않고 그저 들어 준 것 자체에 대해 친구는 진심으로 고마워했다.

이 경험은 나에게 경청의 중요성을 깨닫게 했다. 사람들이 해결책을 찾기보다는 자신의 이야기를 진심으로 들어줄 사람을 필요로 한다는 것을 알게 되었다. 이를 통해 친구와 더 자주 연락하게 되었고, 서로의 삶에 더 많은 관심을 기울이게 되었다. 상대의 관점을 이해하고 감정에 공감하는 노력이 나를 배려 깊은 사람으로 만든다는 것을 깨달았다. 『데일 카네기의 인간관계론』은 이론을 넘어 실제 생활에서 적용할 수 있는 구체적인 방법을

초긍정 마인드셋

제시한다. 이 책 덕분에 나는 소통을 보다 효과적으로 하고, 긍정적인 인간관계를 형성하는 방법과 그 중요성을 배울 수 있었다.

독서는 이제 내 삶에서 빼놓을 수 없는 부분이 되었다. 문제에 부딪힐 때마다 해답을 책에서 찾는다. 책을 통해 배운 것들을 적용하며 삶의 여러 면에서 성장하고 이전보다 나은 삶을 살고 있다. 책을 읽는 것은 끊임없는 희망과 도전을 주며 삶을 이겨 내는 힘을 준다. 매일 책을 읽음으로써 삶의 질을 향상하고 더 넓은 세계를 경험하고 있다.

이런 점 때문에 성공한 사람과 삶을 풍요롭게 사는 이들이 책을 많이 읽으라고 조언하는 것이다. 책 속에는 개인의 성장뿐만 아니라 인생을 더 깊이 이해하게 만드는 비밀들이 숨어 있다. 책을 읽는 습관은 단순한 취미를 넘어 삶의 필수적인 부분으로 자리 잡아야 한다. 독서를 통해 우리는 끊임없이 성장하고, 더 나은 삶을 만들어 갈 수 있다.

끊임없는 도전으로
이루는 성장

> "수정을 용납하지 않는 계획은 나쁜 계획이다." – 퍼블릴리어스 사이러스

지난 4년 동안 나는 여러 변화를 경험했다. 100권 이상의 책을 읽고, 집도 사게 되었으며, 투자용 부동산도 추가로 매수할 수 있었다. 12kg을 감량하는 다이어트에도 성공하여 현재까지 체중을 유지하고 있다. 20년 가까이 마셨던 술도 끊었다. 좋은 조건의 새 직장으로 이직하는 변화도 겪었다. 이 모든 변화를 통해 "포기하지 않고 꾸준히 노력하면 누구나 성장한다."는 중요한 교훈을 얻었다.

돌아보면, 어떻게 이런 변화가 나에게 일어날 수 있었는지 생각하게 된다. 모든 순간이 위기처럼 느껴지고 희망이 보이지 않던 삶에 이런 놀라운 변화들이 생겼다. 다시 시작할 용기를 가지고 끊임없이 도전하며 성장했다. 이러한 경험은 내가 계속해서 도전하고 발전할 수 있는 원동력이 되었다.

우리가 모두 마주하는 일상의 걱정과 두려움 속에서도 다시 도전하려는 마음만 있다면 다시 해낼 수 있다. 인간이라면 누구나 걱정과 두려움을 가지고 있지만, 다시 시작하기만 하면 새로운 출발을 할 수 있다는 것을 잊지 말자. 누구나 살아오면서 수많은 문제와 역경을 이겨 내고 지금의 자리까지 왔다. 어려운 상황에서도 해결책을 찾으려 노력하고 최선을 다한 것이 지금의 삶을 만든 것이다.

새로운 도전과 인내

나의 경우 집을 구매할 때도 예상치 못했던 금융 문제와 복잡한 처리 과정을 겪었다. 이런 문제들을 해결하기 위해 다양한 자료를 찾아보고 전문가의 조언을 구하며 문제를 하나씩 해결해 나갔다. 이 과정에서 새로운 지식을 얻었고 나만의 방법으로 문제를 해결할 수 있었다.

12kg의 체중 감량도 쉽지 않은 도전이었다. 빠른 변화를 기대하며 새로운 운동과 식단 조절을 시작했지만, 변화가 빨리 일어나지 않아 좌절감을 느낀 적도 많았다. 그러나 꾸준한 운동과 식단 조절을 통해 서서히 변화를 경험할 수 있었다. 이 과정에서 꾸준함과 인내의 중요성을 깊이 깨닫게 되었다.

빠른 변화와 결과를 기대했지만, 실제로는 천천히 몸이 반응하기 시작했다. 이를 통해 즉각적인 성공보다는 지속 가능한 변화의 본질을 이해하게 되었다. 목표했던 체중 감량을 달성하면서 단순히 체중만 줄어든 것이 아니라 건강을 되찾고 일상의 활력도 높일 수 있었다.

이직 과정에서도 비슷한 경험을 했다. 이직을 결정할 때 항상 회사와 내 개인의 성장 가능성을 고려해 왔다. 현재는 네 번째 직장에서 일하고 있으며 성장할 수 없다고 느껴질 때는 더 이상 머무르지 않고 새로운 이직 기회를 탐색했다. 이는 단순히 환경을 바꾸려는 것이 아니라 새로운 도전을 통해 배우고 성장하려는 의도에서 비롯된 것이다. 이직을 통해 변화와 성장을 중요시하는 나의 원칙을 실천하고 있다. 이 원칙은 개인적 발전뿐만 아니라 조직의 발전에도 기여하는 것을 목표로 한다. 그러나 새 직장에서의 적응은 쉽지 않은 과정이다. 새로운 환경과 동료들과의 관계 형성은 언제나 큰 도전이다. 시간이 지나면서 상황이 점차 나아지기는 했지만, 초기에는 많은 어려움을 겪었다.

이직 경험은 지속적인 성장과 개선을 위한 중요한 교훈을 제공한다. 예를 들어, 조직의 문화를 이해하고 그 안에서 나의 역할을 찾아가는 과정은 때로는 혼란스럽고 고립감을 느끼게 한다. 새로운 업무에 대한 적응도 쉽지 않았다. 업무 수행 과정에서 발생한 실수들은 스트레스를 유발했고 때때로 이러한 실수들이 나의 자신감에도 영향을 미쳤다. 새로운 동료들과의 관계 형성도 큰 과제다. 사람마다 성격과 업무 스타일이 달라 효과적으로

의사소통하고 협력하는 방법을 찾아가는 과정은 초기에 적응하기 힘든 일이다. 내부의 정치 문제로 인해 간혹 오해가 발생하기도 하고 그로 인해 긴장감이 생기기도 한다. 이러한 도전들은 때로는 잘 다니던 직장에서 이직한 결정을 후회하게 하거나 자책하게 만드는 원인이 되기도 했다. 그러나이 모든 경험은 내가 이전에 알지 못했던 것들을 배우고 성장하는 데 필수적이었다. 어려움을 겪을 때마다 이는 모두 성장 과정의 일부로 여기며 스스로 위로하고 극복해 나갔다.

어려움을 통한 성장

어린 시절부터 우리 가족은 여러 어려움을 겪었다. 수많은 도전과 고난이 우리 집안을 시험했지만, 이런 시련들은 우리 가족을 내면적으로 강하게 만들어 주었다. 경제적으로 힘든 시기도 있었고 여러 가지 복잡한 상황을 마주해야만 했다. 이런 과정에서 우리는 해결책을 찾고 문제들을 하나씩 해결해 나갔다. 가능한 모든 방법을 동원하며 새로 마주한 문제들을 극복했다.

이 경험들은 가족을 단합하게 했으며, 어려운 상황에서도 포기하지 않으면 반드시 해결하는 방법이 있다는 것을 알게 해주었다. 이러한 배움은 새로운 도전을 두려워하지 않게 하고 실패와 어려움을 교훈으로 삼아 계속해서 전진하게 했다. 어려운 문제에 마주했을 때는 언제나 그 해결책도 주위에 존재한다는 것을 깨달았다. 무엇보다 중요한 것은 그 상황을 유연하게 극복하는 능력을 키우는 것임을 알게 되었다.

모든 상황에서 긍정적인 측면을 찾고 적극적인 태도로 매사에 감사하며 살아간다면 현재가 아니더라도 결국 더 큰 기쁨과 감사함을 경험할 수 있을 것이다. 어려움을 통해 우리는 강해지고 더 지혜로워진다. 그런 과정으로 얻은 배움과 성장은 앞으로의 삶에서 소중한 자산이 될 것이다.

미국의 유명한 흑인 배우 윌 스미스는 어린 시절부터 어려운 가정환경에도 불구하고 꿈을 포기하지 않았다. 그의 아버지는 알코올 중독자였고 어머니는 혼자서 세 자녀를 키우며 살아야 했다. 이런 환경 속에서도 윌 스미스는 연기와 음악에 대한 열정을 잃지 않았다. 고등학교 시절부터 그는 배우와 가수가 되겠다는 꿈을 키웠고 그 꿈을 실현하기 위해 노력했다. 그의 노력과 열정은 결국 성공으로 이어졌다. 그는 배우와 가수로서 세계적인 명성을 얻으며 여러 상을 받으며 그의 업적을 인정받았다. 윌 스미스의 이야기를 통해 어떠한 환경에서도 포기하지 않고 노력하면 결국 목표를 달성할 수 있다는 것을 배울 수 있다.

윌 스미스의 이야기는 스탠퍼드 대학 캐럴 드웩 박사의 「성장 마인드셋」 연구와도 깊은 연관이 있다. 드웩 박사에 따르면, 성장 마인드셋을 지닌 사람들은 어려움과 실패를 성장의 기회로 여기고 극복하기 위해 노력한다. 이들은 도전을 환영하며 실패에서 배우려는 태도를 보인다. 반면 고정 마인드셋을 가진 사람들은 실패를 자신의 한계로 받아들이고 쉽게 포기한다. 이 관점에서 볼 때 윌 스미스의 성공은 그의 성장 마인드셋 덕분이었다고 할 수 있다.

성장 마인드셋을 가진 사람들은 자신의 한계를 인정하면서도 그것을 넘어서기 위한 방법을 찾는다. 새로운 기술을 배우거나 문제를 해결할 때 더 창의적이고 유연하게 접근한다. 그들은 문제를 단순한 장애물이 아닌 성장할 기회로 인식한다. 이러한 태도는 삶의 다양한 영역에서 더 많은 성취를 이루도록 돕는다고 믿는다. 우리의 능력과 가능성은 고정된 것이 아니다. 우리의 노력과 태도에 따라 무한히 확장될 수 있다. 어려움과 도전 속에서도 포기하지 않고 계속해서 성장하려는 의지는 우리를 앞으로 나아가게 하는 강한 원동력이 된다.

4

자신을 사랑하면
모든 것이 달라진다

> "강렬한 사랑은 판단하지 않는다. 주기만 할 뿐이다." – 마더 테레사

인생을 살아가면서 다양한 메시지와 조언을 듣게 된다. 시간이 흐르고 경험이 쌓이면서 "자기 자신에 대한 믿음과 사랑"이 성공한 사람들이 말하는 가장 중요한 메시지임을 깨닫게 되었다. 우리는 외부의 평가와 기대에 자신을 맞추려 애쓰며 자신의 소중함을 잊고 과소평가하곤 한다.

하지만 진정한 행복과 성공은 나 자신을 믿고 사랑하는 데 있다. 자식을 낳고 알게 되었다. 모든 인간은 그 자체로 소중하고 존중받을 가치가 있으며 존재한다는 이유만으로 사랑받을 수 있다는 것을. 이 깨달음은 큰 변화를 불러왔다. 나를 사랑하기 시작하면 사랑은 나를 변화시키고 내가 되고자 하는 사람으로 만들어 준다. 자신을 바라보는 방식도 변화시킨다. 나 자신을 사랑할 때 더 많은 가능성을 발견하고 더 큰 목표를 향해 나아갈 수 있다. 자기 자신을 사랑하는 것은 자신에게 주는 최고의 선물이며 삶을 더

욱 행복하게 만든다.

실패해야 배운다

　사람의 마음은 매일 변한다. 하루에도 수십 번, 수백 번씩 다양한 생각과 감정에 휩싸인다. 우리는 실수할 때 자신을 비판하고 평소보다 엄격한 기준으로 자신을 다루는 경향이 있다. 실수하고 실패할 때마다 자신을 탓하고 부정적인 생각에 사로잡히기 쉽다.

　하지만 이러한 실패와 실수는 우리가 배우고 성장하는 중요한 과정이다. 부정적인 마음이 생길 때 나는 이러한 생각을 멈추기 위해 노력한다. "이 실수를 통해서 배우고 있어. 내가 몰랐던 부분이었어. 다음에는 이렇게 하지 않을 거야."라고 스스로 말하며 실수를 빠르게 인정하고 생각을 바꾸려 한다. 이러한 태도를 취함으로써 부정적인 생각에 빠지는 시간이 줄어들었다.

　"실패는 성공의 어머니"라는 말처럼, 실패를 통해 우리는 더 많은 것을 배우고, 성장한다. 자신을 사랑하는 것은 자신의 장점을 인정하고, 단점을 받아들이는 것을 의미한다. 이는 자신의 한계를 인식하고 자신을 긍정적으로 바라보는 것이다. 자신을 사랑한다는 것은 단순히 자기 자신에게 친절한 것을 넘어서 자신의 삶을 책임지고 자신의 인생을 소중히 여기는 것이다. 이를 통해 삶을 더 긍정적인 방향으로 끌어낼 수 있다고 믿는다.

　우리가 인생을 살면서 무언가를 한 번에 성공한 적이 있었던가? 적어도 내 인생에서는 한 번에 무언가 성공한 적은 단 한 번도 없었다. 자전거 타기를 배울 때 수없이 넘어졌고, 친구와의 관계에서도, 소개팅에서도 시행착오를 겪었다. 대학 지원 과정에서는 불합격의 아픔을 맛보았고, 군대에서도 병장이 되기 위해 수많은 시련과 아픔을 겪어야 했다. 수백 장이 넘는 입사지원서, 10년 넘게 이어지는 직장 생활에서도 끊임없이 나오는 어색함과 실수, 승진을 위한 끊임없는 노력, 다이어트와 식단, 운동의 실패, 책을 쓸 때의 원고 수정, 육아에서의 계속되는 실패와 도전, 투자 실패 등 모든 순간이 시행착오와 실패의 연속이었다.

내 삶에서 쉽게 이룬 성공은 하나도 없다고 불평이 나올 정도다. 우리는 삶의 모든 과정에서 한 번에 성공한 경험이 거의 없다는 것을 잊지 말아야 한다. 중요한 것은 실패를 자연스러운 일로 받아들이는 태도다. 실패는 피할 수 없는 현실이기에 우리는 이에 대비해 시간, 돈, 정신적으로 준비를 해 두어야 한다. 이러한 준비는 실패가 닥쳤을 때 당황하지 않고 침착하게 대응할 수 있게 해 준다. 이를 통해 어려운 상황을 극복하고 목표를 향해 한 걸음 더 나아갈 힘을 얻게 해 준다.

인생은 시행착오의 연속이며 각각의 실패는 우리를 성장시키는 또 다른 기회다. 그러므로 실패를 두려워하지 말고 그 과정에서 배우고 적응하며 조금씩 전진해 나가는 용기를 가지자. 실패를 경험하는 것은 누구에게나 공통적이지만, 그 실패에서 무엇을 배우고 어떻게 회복하느냐가 우리의 성장을 결정짓는다. 결국 자기 자신을 믿고 사랑하는 것은 삶을 근본적으로 변화시킬 수 있다. 자신을 믿고 사랑할 때, 삶을 살아가는 데 필요한 힘과 용기를 얻는다. 자기 자신에 대한 믿음과 사랑은 직면한 모든 도전과 어려움을 극복하게 해주는 힘을 주고 긍정적인 삶을 살 수 있게 해 준다.

외부 요소가 아닌 내면의 만족 추구

책을 통해 배운 중요한 메시지 중 하나는, 나는 이 세상에서 유일하며 스스로 믿고 사랑해야 할 존재라는 것이다. 우리는 돈, 명예, 권력, 인간관계와 같은 외부적 요소들에 집착할 때가 많다. 하지만 이러한 것들은 우리 자체의 가치와는 비교할 수 없다. 우리는 세상 어떤 것과도 바꿀 수 없는 가치를 지니고 있다. 그 이유는 바로 우리가 유일무이하며 대체 불가능한 존재이기 때문이다. 우리 존재 자체가 큰 의미이다. 세상은 무엇인가를 더 추구하라고 부추긴다. 더 많은 돈, 더 높은 지위, 더 많은 인정을 좇으라고 한다. 그러나 이러한 것을 좇는 삶은 나를 항상 불만족스러운 상태로 남겨둔다. 내가 정말 필요한 것은 내면에서 오는 만족감과 행복이라는 것을 알게 되었다. 이것은 외부 요소로는 채울 수 없다.

미국의 한 심리학 연구에 따르면 자기 수용과 자기 사랑이 높은 사람들은 더 높은 삶의 만족도를 경험한다고 한다. 이들은 외부 요소가 아닌 자기 내면에 가치를 두고 살아간다. 자신을 믿고 사랑하는 것은 결코 쉬운 일이 아니다. 실패와 실수는 자신감을 저하할 수 있고 자책감을 유발할 수 있지만, 이러한 경험들은 자기 발견과 성장의 기회를 준다. 자기 자신을 믿음으로써 우리는 어려움을 극복하고 원하는 목표를 향해 건강하고 행복하게 나아갈 수 있다.

자기 자신을 사랑하는 건 정말 중요하다. 자신의 장단점을 받아들이고, 자신에게 친절하게 대하는 것, 그게 바로 자신을 사랑하는 것이다. 자신을 사랑하면, 건강한 자아상을 갖게 되고 다른 사람들과 더 긍정적인 관계를 맺을 수 있다. "너는 정말 충분해. 네 안에는 해낼 힘이 있어. 너는 사랑받을 만한 가치가 있어, 이미 잘하고 있어." 이런 말을 자신에게 자주 해주자. 이 말은 우리가 마주할 모든 도전과 어려움 속에서 우리를 지탱하고 힘을 주는 말이다. 자신을 믿고 사랑하는 것, 우리가 알아야 할 가장 중요한 메시지다.

혼자 하는 것을
두려워하지 마라

많은 사람이 혼자서 무언가를 시작하는 것에 대해 두려움과 부담을 느낀다. "혼자 할 수 있을까?"라는 의문에 매여 도전을 시작하기도 전에 포기하는 경우가 많다. 이런 반복적인 포기는 결국 자신감을 앗아가고, 새로운 도전에 대한 두려움으로 이어진다. 하지만 이제 그런 시대는 지났다.

현대 사회에서는 인터넷을 통해 방대한 정보를 얻고 실패에 대한 큰 대가 없이 다양한 시도를 할 수 있는 시대가 되었다. 정보가 넘쳐나고 온라인의 도움을 활용해 학습하고 성장할 기회가 충분하다. 예를 들어, 하버드 대학의 강의를 온라인으로 듣거나 성공한 기업가들의 인생철학을 언제 어디서나 접할 수 있다. 지식과 기회가 넘치는 시대에 무엇이든 시도하고 성공의 맛을 볼 수 있다.

성공은 하루아침에 이루어지지 않는다. 대부분의 성공은 시간과 노력의 축적을 통해 이루어지기 때문에 즉각적인 성공만을 바라는 사람은 이를 맛보기 어렵다. 하지만 꾸준히 노력하고 인내하는 이들에겐 무한한 가능성이 열려 있다. 멘토나 조력자가 있다면 더 좋겠지만, 없더라도 혼자서 충분히 성공할 수 있다.

혼자라는 사실을 두려워하지 말고 적극적으로 도전하자. 현재의 세상은 혼자서도 많은 것을 할 수 있는 환경을 제공한다. 혼자라고 해서 불가능한 것은 없다. 오히려 혼자 있는 시간을 활용해 자신만의 목표를 설정하고, 그 목표에 도달하기 위한 계획을 세우는 것이 중요하다. 혼자라는 사실이 오히려 자신만의 강점을 발견하고 개인적 성장을 이룰 기회가 될 수 있다.

외로움에서 강인함으로

초등학교 시절, 친구들에게 소외된 적이 있다. 친하게 지내던 친구들이 하나둘씩 나를 피하기 시작했고, 등하굣길도 혼자 다니게 되었다. 이유는 분명하지 않았지만, 당시 내 이름이 특이해서 이름으로 놀림을 받았던 것이 원인일 수도 있었다고 생각했다. 어린 마음에 외롭고 쓸쓸함을 느꼈다. 괴로운 시간이었다. 매일 집에 돌아와서는 친구들과 다시 잘 지낼 수 있기를 바라며 기도했다. 그 기도의 응답을 받은 것인지 얼마 지나지 않아 친구들이 예전처럼 인사하며 다시 잘 지낼 수 있게 되었다.

친구들에게서 외면당했던 시기를 거치며 나는 소외감의 무게가 얼마나 무거운지 느낄 수 있었다. 그 경험은 나에게 소외당하는 친구에 대한 깊은 공감을 심어 주었다. 소외되거나 약해 보이는 친구들을 보면 그들이 느끼는 외로움과 고립감을 내가 어렴풋이나마 이해할 수 있었다. 그래서 학교에서든, 직장에서든, 사회의 다른 공간에서든, 나는 항상 주변을 살피며 혼자 남겨진 사람이 없는지 확인한다. 그리고 가능한 한 그들과 대화를 시도하고 그들이 집단의 일원으로 느낄 수 있도록 다리 역할을 하려고 노력한다.

대학 시절에도 비슷한 경험을 했다. 나는 실업계 특별 전형을 통해 입학했는데 이로 인해 처음부터 자신감이 부족했다. 출신학교에 대한 부끄러움과 공부에 대한 불확실성이 내 마음에 무거운 짐이 되었다. 내가 실업계 출신이라는 사실을 누군가 알아차릴까 봐 두려웠고 그로 인해 놀림을 받을까 하는 걱정이 있었다. 이러한 두려움은 나를 고립시켰고 학교에서도 혼자 조용히 다니며 대부분 시간을 외롭게 보내며 식사도 혼자 하게 만들었다.

하지만 이러한 상황이 나를 단단하게 만들었다. 나는 혼자인 시간을 자기 계발의 기회로 삼았다. 도서관은 나의 안식처가 되어 주었다. 거기서 나는 수업을 준비하고 책을 읽으며 학교생활을 해 나갔다. 학교에서 제공하는 다양한 행사와 기회도 적극적으로 활용했다. 이를 통해 해외 경험도 하고 다른 학생들이 경험하지 못한 특별한 기회들을 누렸다. 혼자인 시간은 결국 나를 더욱 성장시키는 밑거름이 되었다.

　이러한 시간을 통해 나는 독립성을 키우고 자신감을 회복하는 법을 배웠다. 내적인 강점을 발견하고 어려움을 극복하는 데 필요한 인내와 끈기를 키울 수 있었다. 혼자 보낸 시간은 나에게 자유와 독립, 그리고 자기 주도적인 삶을 살아가는 방법을 가르쳐 주었다. 혼자라는 것이 부정적인 것은 아니다. 오히려 자신을 발견하고 자신의 삶을 주도적으로 이끌어가는 데 큰 도움이 된다는 것을 알게 되었다.

　그 당시 혼자였던 경험이 나를 훈련 시켰는지도 모른다. 지금은 혼자 있는 시간을 누구보다도 잘 활용하며 그 시간이 나에게 큰 자산이 되어 주고 있다. 혼자일 때마다 나는 항상 무언가 생산적인 일을 찾아서 한다. 책을 읽거나, 글을 쓰거나, 새로운 기술을 배우는 등 다양한 활동을 하며 시간을 보낸다.

　혼자만의 시간을 통해 내면의 목소리에 더 귀 기울일 수 있었다. 이런 점에서 혼자인 시간은 나에게 소중한 자산이 되었다. 내가 진정으로 원하는 것이 무엇인지, 어떻게 하면 내 삶을 더 풍부하게 만들 수 있을지에 대한 통찰을 얻을 수 있었다.

　결과적으로 혼자인 시간을 통해 나는 더 많은 창의력을 발휘하고 일에 집중할 수 있는 능력을 키웠다. 혼자 있을 때는 그 어느 때보다 생산성이 높아진다. 혼자 있는 시간이 주는 이러한 가치를 인지하고 나서부터 나는 혼자일 때를 전혀 외롭게 느끼지 않게 되었다. 그 시간을 통해 나 자신과 깊이 연결될 수 있는 기회로 여기게 되었다.

때로는 혼자인 시간이 우리를 강하게 만들고 자신에 대해 깊이 이해하게 하며 다른 사람들과의 관계를 더욱 소중히 여기게 한다. 혼자라고 해서 두려워하거나 슬퍼할 필요는 없다. 혼자인 시간을 통해 자기 자신과 연결되고 성장할 기회로 삼을 수 있다. 우리 모두 각자의 속도로 성장하며 삶을 이해해 나가는 과정에서 혼자인 시간도 중요한 부분이다. 그 안에서도 큰 가치와 의미를 찾는 연습이 필요하다. 우리가 알고 있는 많은 성공한 사람들은 주변의 믿음이나 지지 없이 혼자 힘으로 그들의 길을 개척했다. "아픔만큼 성장한다."는 말처럼, 혼자서 다양한 시도를 하고 아픔과 기쁨을 겪으며 그 과정에서 사람들을 만나고 한 단계씩 발전하는 것이 바로 성장의 본질이라고 생각한다.

나의 인생을 되돌아보면, 큰 변화를 가져다준 순간들은 항상 혼자일 때 일어났다. 가장 어려운 시기와 고난의 순간들에서 혼자 고민하고, 시도하며, 끊임없이 노력했다. 그 노력이 결국 좋은 결과로 이어졌다. 주변에는 아무도 없었다. 혼자 하는 것은 자신감을 키우고 도전적인 상황에서도 끈기 있게 문제를 해결하는 능력을 키워 준다. 그러므로 혼자 하는 것을 두려워하기보다는 이를 기회로 삼아 자신만의 길을 찾고 새로운 가능성에 도전해 보자. 혼자서도 충분히 해낼 수 있다는 믿음을 가지고 꾸준히 노력한다면 더 큰 성장을 이룰 수 있을 것이다.

6

흙수저도
성공할 수 있다

"인생이란 결코 공평하지 않다. 이 사실에 익숙해져라." – 빌 게이츠

많은 사람이 자신을 "흙수저"라고 부르며, 태어난 환경이나 부모님 때문에 성공할 기회가 별로 없다고 여긴다. 이러한 생각은 사회적 환경과 유튜브나 SNS 같은 미디어에서 자주 접하는 내용에 의해 더 커진다. SNS에서는 성공한 사람들의 이야기를 쉽게 접할 수 있다. 하지만 이 이야기들은 대부분 이미 경제적으로 여유 있는 배경을 가진 사람들이나 특별한 재능을 가진 사람들에 관한 것이다. 이런 콘텐츠는 매우 자극적으로 보이고, 보통의 사람이 어려운 환경에서 시작해 성공한 사례는 그다지 많지 않다. 이로 인해 "흙수저"라는 인식을 가진 사람들은 자신의 출발점이 성공하기에 큰 장애가 될 것이라는 생각을 굳히고, 노력해도 소용없다는 부정적인 마음가짐을 갖게 된다. 이러한 생각은 사람들로 하여금 자신의 잠재력을 발휘할 기회를 얻기 전에 스스로 제한하고 성공을 향해 나아가는 첫걸음조차 내딛

《 제2장 》 책 속에 길이 있다   85

기 어렵게 만든다.

사회적 불평등과 경제적 격차가 삶에 영향을 준다는 것은 분명하다. 부유한 집안에서 자란 사람들이 더 많은 교육 기회와 자원을 이용할 수 있다는 사실도 명확하다. 흙수저로 불리는 이들은 자신의 출발점이 성공에 이르는 길에 장애물이라고 생각한다. 이 용어는 사람들의 자신감을 떨어뜨리고 스스로 한계를 설정하게 만들기 때문이다. 이는 자신의 노력으로 상황을 바꿀 수 있다는 가능성을 부정하게 만든다. 여러 요인이 복합적으로 작용해 흙수저로 여겨지는 사람들은 자신에게 기회가 없다고 느낀다. 하지만 모든 사람에게는 같은 시간이 주어지고, 이 시간을 어떻게 활용하느냐에 따라 삶의 방향은 달라질 수 있다.

환경을 극복하는 의지와 노력

우리는 모두 똑같은 24시간을 갖고 있다. 이 시간을 어떻게 활용하는지는 각자의 선택에 달려 있다. 어떤 이는 이 시간을 자기 발전과 성장에 쓴다. 다른 이는 단순히 시간을 보내기만 한다. 중요한 건 이러한 선택들이 우리의 미래를 만들어 간다는 사실이다. 현재 상태에 대해 불평하고 자신이 가진 것을 간과하며 남의 것만 부러워하며 시간을 낭비하는 사람도 있다.

그러나 자신이 가진 것에 감사하며 현재 할 수 있는 것에 만족한다면 인생은 분명히 달라질 것이다. 성장하기 위해 시간을 아끼고 주어진 삶에 최선을 다해 살아간다면, 흙수저라 하더라도 우리 모두에게는 기회가 있다. 많은 성공한 사람들, 특히 어려운 환경에서 시작해 성공한 사람들의 사례를 보자. 정말 어떻게 그런 환경에서 성공할 수 있었을까 싶은 배경을 가진 사람들이 많다.

그들은 우리에게 모두에게 평등한 기회가 있다고 말해 주는 살아 있는 증거다. 시작이 다르다고 불평할 수도 있다. 그렇지만 불평만 하면 인생은 그대로 끝난다. 불평해서 지금 당장 바뀌는 것이 있는가? 없다면 생각을 바꾸고 현재 있는 기회부터 하나씩 만들어 가야 한다. 작은 일에서부터 시작해 보자. 매일 아침 일찍 일어나는 것, 책 한 페이지를 읽는 것, 새로운 것을 배우려는 시도, 이 모든 것이 변화를 만들어낸다. 예를 들어, 하루 한 시간을 새로운 기술이나 언어를 배우는 데 할애하는 사람은 몇 년 후에 전문적인 능력을 갖추게 될 것이다. 반면, 같은 시간을 유튜브나 소셜 미디어에 소비하는 사람의 미래는 크게 달라지지 않을 것이다.

중요한 점은 시작점이 아니라, 우리가 매일 어떤 선택을 하고 어떻게 시간을 사용하는지다. 이는 특히 자신이 처한 환경에 만족하지 못하는 이들에게 희망의 메시지를 전달한다. 환경이나 출발점이 불리하다고 해서 포기할 필요는 전혀 없다. 오히려 매일 주어진 시간을 자기 계발과 목표 달성을 위해 사용함으로써 불리한 출발점을 극복하고 성공의 길을 걸을 수 있다.

흙수저에게도 기회가 있다는 것은, 노력과 열정을 통해 누구나 성공할 수 있다는 것을 의미한다.

나도 어디 가서 빠지지 않는 흙수저 출신이다. 어려운 가정환경에서 자라 학원 한 번 제대로 다녀 본 적 없는 삶을 살았다. 고등학교 3학년이 되던 해 대학 진학을 희망하며 처음으로 알파벳을 배우기 시작했다. 가난 때문에 많은 어려움도 겪었다. 당시 나는 알파벳 대소문자조차 구분하지 못했지만, 내 안에는 분명한 꿈과 희망이 있었다. 공부를 시작했을 때 주변 반응은 냉담했다. "네가 뭘 할 수 있겠어?"라는 무시와 조롱이었다. 하지만 나는 굴하지 않고 매일 영어 공부에 몰두했다.

그 노력은 결국 일 년 뒤, 수능을 치르고 내가 원하던 대학에 입학하는 결과로 이어졌다. 나를 무시하던 사람들도 나의 변화를 보고 놀랐다.

누군가에게 이 이야기는 평범할 수 있다. 하지만 이것은 나의 고통과 노력으로 만들어낸 결과다. 나는 깨달았다. 상황이 어떠하든 꾸준한 노력과 시간의 투자는 누구에게나 변화를 가져올 수 있다. 재능이나 시작점이 어떠하든 우리의 노력은 새로운 가능성을 열어 준다. 누구나 그렇게 할 수 있고 훨씬 더 대단하고 훌륭한 일들을 해낼 수 있다. 시간을 붙잡고 노력하면 현재 상태와 상관없이 발전할 수 있다.

내 이야기는 단순히 나의 경험을 넘어서 누구나 자신의 상황을 극복하려고 노력하면 원하는 목표를 달성할 수 있다는 메시지를 전달하는 것이다. 지금의 상황이나 상태와 전혀 관계없이 말이다.

희망과 끈기로 이룬 성공 사례

강한은 대한민국의 봅슬레이 국가대표 선수로, 보육원에서 자라나 어머니의 얼굴조차 모르는 쓸쓸한 어린 시절을 보냈다. 보육원이라는 척박한 환경에서도 강한 선수의 꿈은 봅슬레이로 이어져 어떤 환경에서도 꿈을 이룰 수 있다는 것을 증명하는 사례가 되었다.

강한 선수는 어려운 환경 속에서도 포기하지 않고 자신의 꿈을 향해 나아갔다. 보육원을 떠난 후에도 여러 가지 어려움을 겪으며 생계를 이어갔다. 그는 노숙 생활을 하며 택배 상하차와 배달 아르바이트로 생활비를 벌었다. 명절에 가족과 함께 있는 친구들을 보며 외로움과 고통을 느꼈지만, 꿈을 위해 끊임없이 노력했다.

강한 선수의 이야기는 어려운 상황 속에서도 희망을 잃지 않고 끈기와 노력을 통해 자신의 길을 만들어가는 모습을 보여준다. 그의 여정은 우리에게 진정한 용기와 인내가 무엇인지 깨닫게 해주며 어떤 역경 속에서도 희망을 잃지 않고 노력한다면 성공할 수 있다는 중요한 메시지를 전한다.

강한 선수의 이야기는 큰 교훈을 남긴다. 엄마, 아빠, 가족이 있는 우리는 그것만으로도 충분히 감사할 일이 많다는 것을 일깨운다. 어려운 상황 속에서도 굴하지 않고 노력하는 그의 용기와 끈기를 보며 우리도 조금 더 감사한 마음을 가지고 살아가야 한다는 것을 깨닫게 된다.

7

대충 읽기의
기술

책 읽기가 왜 이렇게 어려운 걸까? 어떤 책을 읽어야 할지, 어떻게 읽어야 할지 고민하며 책장을 열기도 전에 막막함을 느낀다. 하지만 중요한 것은 대충 읽어도 괜찮다는 것이다. 우리는 책을 읽을 때 모든 것을 완벽히 이해하고자 하는 경향이 있다. 그러나 이러한 생각은 오히려 독서를 멈추게 만든다.

대충 읽어도 되는 이유는 책 속에서 저자의 생각과 경험, 지혜 등 어떤 한 부분에서의 깨달음만으로도 충분하기 때문이다. 페이지를 넘길 때마다 새로운 세계가 열리고 다양한 관점과 아이디어가 생긴다. 책의 모든 내용을 외우거나 완벽히 이해하지 않아도 된다. 그보다는 책 속에서 나에게 필요한 것을 찾아내고 그것을 삶에 적용하는 것이 중요하다. 책은 우리 생각과 삶에 희망을 품게 해 주는 도구다. 그러니 부담 없이 책을 펼치고 자신만의 방식으로 독서를 즐기자.

　책을 대충 읽는다는 것은 '효율적으로 읽는다'는 뜻이다. 때로는 목차를 먼저 살펴보고 내가 관심 있는 부분만 읽을 수도 있다. 혹은 빠르게 페이지를 넘기면서 중요한 부분에만 집중할 수도 있다. 이 방법은 정보를 효율적으로 흡수할 수 있게 해 준다. '대충 읽는다'는 것은 책에서 완벽함을 추구하지 않고 그저 즐기며 편하게 읽는 것이다. 마치 여행과도 같다. 모든 관광지를 방문하지 않아도 여행은 그 자체로 의미가 있는 것처럼 내가 책의 모든 문장과 내용을 심각하게 받아들이지 않아도 책이 주는 의미가 있다. 책의 모든 내용을 완벽하게 이해하는 것보다 그 책이 나에게 주는 전체적인 메시지와 느낌을 이해하는 것이 중요하다. 때로는 한 줄의 문장이 마음에 큰 울림을 줄 수 있다. 그 한 줄이 내 생각이나 태도에 변화를 불러오기도 하며, 삶의 방향을 바꿔 주기도 한다.

　책을 읽는 과정에서 나는 나 자신을 더 잘 이해하게 된다. 책 속의 이야기나 인물에게 공감하면서 나의 감정과 생각을 정리할 수 있다. 이러한 자기 성찰은 자신의 삶에 집중하게 만드는 데 도움이 된다. 다양한 책을 읽음으로써 다양한 문화와 사상에 노출되어 세상을 보는 시야를 넓힐 수 있다.

　책을 대충 읽는다는 것은 우리에게 독서의 부담을 덜어 준다. 책을 끝까지 읽어야 한다는 압박감은 독서를 어렵게 만드는 요소 중 하나이다. 책을 읽다가 어떤 부분이 지루하거나 재미가 없다면 그 부분을 과감하게 건너뛰자. 나에게 도움 되는 내용만 읽고, 읽고 싶은 부분만 읽어도 충분하다.

효율적인 독서법

효율적인 독서 방식의 대표적인 예로 빌 게이츠와 버락 오바마의 독서법을 들 수 있다. 빌 게이츠는 책을 읽는 데 많은 시간을 할애하는 것으로 알려져 있다. 그는 책을 읽을 때 모든 내용을 깊게 이해하려 하지 않고 대신 전체적인 내용을 파악하고 자신에게 중요한 부분을 뽑아내는 데 집중한다고 말한다. 이는 정보를 효과적으로 습득하고 재해석하는 방식이다.

비슷한 방식으로 미국의 전 대통령 버락 오바마도 책을 읽을 때 자신만의 독특한 방법을 사용했다. 버락 오바마는 대통령 재임 시절에도 매일 밤 1시간씩 책을 읽는 습관을 유지했다. 그는 책을 읽을 때 목차, 서론, 결론을 먼저 살펴보는 것으로 시작한다. 이러한 접근은 책의 핵심 내용을 신속하게 파악하는 데 도움이 된다. 그 후에는 관심 있는 부분에 집중하여 읽고 읽으면서 메모하거나 요약을 작성함으로써 내용을 더욱 깊이 이해하고 기억에 오래 남길 수 있다.

책을 대충 읽는다는 것은 단순히 건너뛰거나 피상적으로 읽는 것이 아니다. 중요한 정보를 효과적으로 추출하고 필요한 부분에 집중하며 시간을 효율적으로 사용하는 것을 의미한다. 이러한 접근법을 통해 우리는 더 많은 책을 읽고 더 많은 지식을 얻을 수 있다. 이는 책의 내용을 효과적으로 이해하면서도 시간을 절약할 수 있는 전략이다. 또한, 자기 생각이나 느낌을 정리하는 데에도 도움이 되며 깊이 있는 독서 경험을 하게 한다.

빌 게이츠와 버락 오바마의 이러한 독서 습관은 우리에게도 적용할 수 있는 가치 있는 방법이다. 바쁜 일상에서도 책을 통해 지식을 습득하고, 자기 성찰의 기회를 얻는 데 도움이 될 것이다.

다양한 책을 경험하며 시야를 넓히자

완벽함을 추구하며 천천히 읽는 것보다 여러 책을 빠르게 읽어 다양한 아이디어와 생각에 노출되는 것이 때로는 더 유익할 수 있다. 결국 책 읽기의 목적은 지식을 습득하는 것뿐만 아니라 나의 내면을 성장시키고 삶을 희망차게 만드는 것이다. 책 속에서 나에게 의미 있는 것을 찾아내고 그것을 우리 삶에 적용하는 것이 중요하다. 이것이 바로 독서의 목적이며 책이 더 나은 삶을 살게 하는 이유이다. 우리는 정보의 홍수 속에서 살고 있다. 수많은 책과 글도 넘쳐난다. 모든 책을 꼼꼼히 읽으려고 하면 새로운 지식을 습득하는 데 한계에 부딪힐 수 있다. 반면 대충 읽으며 중요한 부분에 집중하는 것은 더 많은 책을 경험할 수 있게 하며 보다 넓은 시야를 갖게 해 준다. 모든 책이 우리에게 동일한 의미를 전달하는 것은 아니다. 각자의 경험과 지식에 따라 같은 책에서도 다른 교훈과 영감을 얻을 수 있다. 이것이 책을 읽는 또 다른 매력이다. 책을 통해 다른 사람들의 관점을 이해하고 자신의 관점을 넓히는 기회를 얻는다.

이렇게 책을 읽는 것은 단순히 지식의 습득을 넘어서 사고방식을 발전시킨다. 삶의 다양한 측면에도 영향을 미친다. 책 속의 아이디어와 경험은 일상, 직장, 인간관계 등에 적용될 수 있다. 때로는 새로운 관점을 주기도 한다. 책을 통해 얻은 통찰력은 우리의 삶에 더 깊이 있는 사고를 가능하게 한다. 이제 책을 열 때 두려움을 떨쳐 내고 대충 읽는 것의 가치를 인식해 보자. 페이지를 넘기면서 얻는 지식, 영감, 통찰력은 우리 삶에 새로운 시각을 가져다줄 것이다. 그리고 기억하자. 대충 읽어도 괜찮다. 이렇게 생각하면 책 읽기가 한결 가벼워진다. 마음에 드는 구절 하나, 생각할 수 있는 문구 하나만 발견해도 성공한 것이다. 그리고 이 방법이 독서에 대한 부담을 줄여 주고 책과 친해지는 첫걸음이 될 수 있다.

8

책이 바꾼
삶과 행동

> "좋은 책을 읽는 것은 과거 몇 세기의
> 가장 훌륭한 사람들과 이야기를 나누는 것과 같다." – 르네 데카르트

책은 단순히 글자로만 이루어진 것이 아니다. 책은 새로운 생각을 심어 주고 나의 행동을 변화시킬 수 있는 강력한 힘을 가진다. 책 속에 담긴 이야기와 지식은 마음과 영혼에 깊숙이 스며들어 인식을 변화시키고 때로는 삶의 방향을 전환한다. 나의 삶 역시 그러했다. 책을 읽기 전과 후의 나는 마치 다른 사람처럼 달라졌다. 책 덕분에 내 집을 마련했고, 다이어트에도 성공할 수 있었다. 어려운 상황에서도 책에서 얻은 긍정적인 태도로 그 순간을 극복했다. 운동하며 건강한 몸을 유지하고, 가정에서는 화목함을 이어갔다. 아이 교육에 대한 지혜도 책에서 배웠다. 이직을 결정하고 이전보다 높은 연봉으로 계약한 것 역시 책의 도움이 컸다. 새로운 직장에서의 적응과 동료 관계에 대한 문제 해결 또한 책에서 찾은 답이었다.

책을 읽으며 새벽에 일찍 일어나는 습관을 들였고, 술을 끊으며 밀도 있는 삶을 살게 되었다. 일상 속 작은 것들에 감사하는 마음을 갖게 되었고, 가족에 대한 사랑과 타인에 대한 소중함도 깨달았다. 남을 미워하지 않고 나 자신을 사랑하고 믿으며 살아가는 것이 얼마나 중요한지도 알게 되었다. 이 모든 변화는 책을 읽은 지 얼마 되지 않아 일어난 기적 같은 일들이다. 책이 가져다준 변화가 놀랍지 않은가?

실생활에 적용하는 지혜

책은 생각과 행동에 근본적인 변화를 불러온다. 책을 통해 얻은 지식과 통찰력은 우리의 일상적인 선택과 결정에 영향을 준다. 예를 들어, 책에서 배운 재정 관리 방법을 실생활에 적용하여 더 나은 재정 상태를 이루었고, 건강과 관련된 책을 읽고 영양가 있는 식단이 우리 몸에 왜 중요한지 알게 되었다. 이러한 작은 변화들이 모여 삶의 질을 크게 바꾸었다. 더 나아가 세상을 바라보는 방식에도 영향을 주었다. 다양한 문화와 시대의 사람들 이야기를 읽으면서 포용적이고 이해심 깊은 사람이 될 수 있었다. 대인 관계에서도 타인의 입장을 더 쉽게 이해하고 갈등을 해결하는 데 더 효과적인 방법을 배울 수 있었다.

책은 나의 개인적인 성장에서도 중요한 역할을 했다. 직장 생활과 개인적인 영역에서 필요한 성공 전략, 자기 계발, 그리고 장기적인 미래 계획까지, 책을 통해 배운 지식은 나의 목표 달성에 크게 도움을 주었다. 특히 "시간 관리"에 대한 책을 읽고 나서 나는 개인 시간과 업무 효율을 극대화하는 방법을 배울 수 있었다. 일상에 시간 관리 원칙을 적용하는 것은 처음 해보는 도전이었다. 매일 계획을 세우고도 실천에 옮기지 못하는 일이 자주 있었고, 작심삼일로 끝나버리는 일과 시간을 낭비하는 습관을 극복하기 위해 여러 책을 읽으며 나에게 맞는 방법을 찾았다. 책에서 배운 것을 토대로 계획에 너무 많은 생각을 하기보다는 바로 행동으로 옮기는 방법이 나에게 효과적임을 알게 되었다.

이 접근법을 통해 시간 관리와 업무 효율성을 향상할 수 있었다. 이제 나는 매일의 계획을 명확히 세우고 곧바로 행동에 옮긴다. 이런 방식으로 나는 시간을 효율적으로 활용하며 이전보다 생산적으로 보내고 있다. 책에서 얻은 지식과 그 실천은 나의 일상을 변화시켰고, 좀 더 나은 삶의 길을 열어 주었다.

책을 읽기 전의 나는 마치 어둠 속에서 헤매는 듯한 삶을 살았다. 고통과 스트레스가 일상이었고, 그 이유조차 명확히 찾지 못했다. 이러한 불안과 두려움은 술로 잠시 잊을 수 있었으며, 때때로 자기 파괴적인 행동으로 이어지기도 했다. 낙담과 좌절이 일상화되었고, 시간도 허무하게 흘려보냈다. 이러한 문제는 인간관계에도 영향을 미쳐 점점 타인과의 관계에서 어려움을 겪었다. 끊임없는 오해와 갈등이 내 삶을 힘들게 만들었다. 타인을 이해하는 능력이 부족하다고 느꼈고, 이는 나의 자존감에도 영향을 주었다.

모든 문제의 중심에는 나 자신이 있었다. 나는 항상 후회와 자책 속에 살았고 변화를 원했지만 어디서부터 시작해야 할지 알지 못했다. 내 삶은 방향을 잃은 것 같았고, 마치 고립된 기분이었다. 그때의 나는 항상 해결책을 찾지 못해 괴로웠으며 계속해서 같은 실수를 반복한 채 살았다. 하지만 책을 만난 후 나의 삶은 달라졌다. 책에서 얻은 지식과 통찰은 나에게 새로운 방향을 보여 줬다.

책을 통해 배운 것들을 실천하려고 노력했다. 나는 점차 자신감을 회복하게 되었고, 삶은 조금씩 변화되었다. 이 변화의 과정에서 나는 깨달았다. 진정한 독서는 지식의 습득뿐만 아니라 그 지식을 일상생활에 적용하는 데서 완성된다는 것을. 책에서 배운 교훈을 실제로 적용해 보며 나는 자신의 한계를 뛰어넘을 수 있다는 것을 체감하게 되었다. 작은 성공들이 모여 큰 변화로 이어졌고 이는 내 삶에 긍정적인 변화를 만들어 냈다.

독서는 단순히 지식을 쌓는 행위를 넘어서 내면의 성장과 자아 발견의 여정이 되었다. 책 속의 이야기와 인물들은 나에게 삶의 다양한 상황을 다루는 새로운 관점을 제공해 주었다. 이는 때로는 위안이 되기도 하고 때로는 새로운 도전을 시작하는 동기가 되기도 했다. 이제 나는 책을 통해 얻은 깨달음을 나누고 싶다. 다른 사람들도 자신의 삶에서 방향을 찾고 내가 경험한 것처럼 변화와 성장의 기쁨을 느낄 수 있기를 바란다.

책은 삶에 대한 태도에 근본적인 변화를 불러올 수 있다. 책은 단순한 취미나 여가 활동을 넘어서, 삶을 근본적으로 바꾸어 준다. 그러므로 변화를 추구하는 당신이라면 책을 통해 시작하는 것이 어떨까? 책은 당신의 삶에 새로운 미래를 위한 발판을 마련하는 데 도움이 될 것이다.

《 제3장 》

초긍정 마인드셋을 장착하다

SUPER
POSITIVE
MINDSET

탐욕을 버리고
찾은 행복

"행복은 바로 감사하는 마음이다." - 조셉 우드 크루치

나의 인생에서 돈과 물질적 가치는 언제나 최고의 우선순위였다. 나의 존재는 겉모습과 타인의 시선에 의해 정의되었고, 물질적 성공이 모든 것을 판단하는 기준이었다. 나는 다른 사람들을 내가 정한 물질적 기준에 따라 평가하며, 그들보다 우월하다는 착각 속에서 살았다. 나의 가치는 내가 사는 동네, 내가 타는 차, 내가 다니는 직장에 의해 결정된다고 생각했다. 하지만 책을 통해 이 모든 것들이 나를 진정으로 채워주지 못한다는 것을 깨달았다.

이 깨달음 이후 나의 삶에서 물질적 가치는 우선순위에서 밀려났다. 나는 이제 외적인 것들에 집착하지 않기로 했다. 대신, 내면의 기쁨과 행복에 집중하고 있다. "언제 나는 가장 행복할까?", "어떻게 하면 내 삶이 단순히 나를 위한 것이 아니라 타인에게도 긍정적인 영향을 줄 수 있을까?" 이런

질문들을 스스로 던지기 시작했다. 이러한 시간을 통해 겉모습보다는 내면의 행복이 더 중요하다는 것을 알게 되었다.

　내적 만족, 기쁨, 행복, 자유, 사랑의 중요성을 인식하게 되면서, 나의 평범한 일상도 변화하기 시작했다. 이전에는 주목하지 않았던 작은 일상의 아름다움이 의미 있게 다가왔다. 나는 일상 속 작은 것들에 조금씩 주목하며 그 속에서 감사함을 느꼈다. 아침에 느끼는 커피 향기, 자동차 창밖으로 보이는 풍경, 점심시간 잠깐의 여유, 집으로 돌아가는 길의 노을이 이제는 더 의미 있게 느껴진다. 이러한 감사함이 일상에 대한 행복감과 만족도를 높여 주었다.

　이제는 물질적 가치가 아닌, 인간관계와 내면의 평화에 의미를 두고 살아가려고 노력하고 있다. 나는 책을 통해 배운 인생의 교훈을 실천하며 더욱 풍요롭고 의미 있는 삶을 살고 싶다. 책은 나에게 삶의 진정한 목적과 방향을 제시했으며 나 자신과 세상을 바라보는 새로운 시각을 열어 주었다.

　첫째, 내가 세상을 바라보는 방식이 변했다. 이제 물질적 성공과 사회적 지위보다는 인간적인 깊이와 정서적인 만족을 더 중요하게 생각하게 되었다. 책 속의 다양한 저자들과 그들의 삶을 통해 다른 사람들의 감정과 경험을 존중하는 마음이 생겼다. 이 과정에서 나는 타인에 대한 이해와 존중의 중요성을 깨닫고, 실제 나의 인간관계에도 긍정적인 변화를 가져왔다.

둘째, 나의 일상에 대한 태도가 변화했다. 감사함과 긍정적인 생각이 내면을 성장시켰다. 이제는 일상의 작은 순간들에서 기쁨을 찾게 되었고, 이전에 중요하지 않다고 여겼던 작은 성공들에도 기쁨을 느낀다. 이런 변화 덕분에 매일의 삶에 대한 만족도가 크게 높아졌다.

셋째, 사회적 책임과 선한 영향력을 발휘하는 방법에 대해 고민하기 시작했다. 책을 통해 배운 가치관은 사회에 긍정적으로 기여하고자 하는 마음을 심어 주었다. 교회에서 지역 아이들을 위한 봉사 활동을 시작했고, 일상에서 다른 사람들에게 어떻게 도움을 줄 수 있을지 고민하며 실천하고 있다. 이러한 변화는 내게 새로운 만족감을 주고 있다. 타인을 돕는 것이 나 자신의 행복에도 긍정적인 영향을 준다는 것을 이제야 알게 되었다.

감사함과 긍정적인 사고

책은 나의 내면적 세계를 변화시켰다. 새로운 사고방식과 아이디어를 배우면서 나의 사고는 넓어졌고 내면의 평화와 자기 이해는 깊어졌다. 책 속의 지혜는 나의 일상을 돌아보고 삶의 의미를 탐색하는 데 중요한 역할을 했다. 이제 나는 더 깊은 자기 인식과 함께 내 삶을 자신감 있게 주도하고 있다. 이는 외부 요인의 영향이 아닌 내면에서 우러나오는 깊은 변화의 결과다. 책을 통해 새롭게 깨달은 삶의 태도와 방향성은 나에게 새로운 에너지를 주었다. 이제 타인의 기준이나 사회적 기대에 얽매이지 않는다. 내면의 목소리를 듣고 그에 따라 나만의 길을 걷고 있다. 이러한 변화는 단순히 지식의 습득을 넘어 삶의 근본적인 변화를 불러왔다. 나는 이제 내 삶의 주인으로서 내가 진정 원하는 삶을 살아가려고 노력하고 있다.

작은 일상의 순간들에서 기쁨을 발견하고, 감사함을 느끼며, 삶의 소소한 성공을 통해 행복을 경험 중이다. 이런 변화들은 나의 삶을 풍요롭고 의미 있게 만들어 준다. 내 삶을 의미 있고 성숙하게 만드는 방법에 대해서도 고민하고 있다. 타인을 돕고 선한 영향력을 발휘하여 사회에 긍정적인 기여를 하는 것이 나의 목표다. 이러한 고민과 실천은 나를 성숙한 인간으로 성장시키며 나의 삶에 깊은 만족감을 준다고 믿는다. 이 모든 것은 책을 통해 얻은 깨달음과 변화에서 비롯된 것이며 이제 나는 이 새로운 길을 걸어가고 있다.

삶은 절대 순탄하지 않다. 때로는 힘들고, 모든 것을 포기하고 싶은 순간도 있으며, 마음이 수없이 바뀌기도 한다. 하지만 나는 끈기와 인내가 결국 나의 삶에 긍정적인 변화를 불러올 것이라 믿는다. 새로운 방향과 목적을 삶에 부여하며, 여러 과정에서 실패와 좌절을 경험하기도 하지만 이 모든 것을 통해 계속 전진한다. 이 과정에서 내면의 진정한 기쁨을 발견할 수 있다.

나의 삶은 외부 요소에 의해 흔들리기도 하지만 그것이 자연스러운 것임을 받아들이고 내면의 힘에 의지해 나간다. 이것을 극복하고 즐기는 것이 삶의 즐거움을 찾는 길이다. 도전과 어려움이 닥칠 때마다 나는 그것을 극복하는 것이 삶의 유일한 성장의 기회라는 것을 깨달았다. 이제 나는 책을 통해 얻은 깨달음과 경험을 바탕으로, 내 삶을 더욱 의미 있고 풍요롭게 만들어 나가고 있다. 삶의 도전과 기쁨을 받아들이며 내면의 평화와 성장을 추구하는 여정을 지속하고 있다.

2

삶의 진정한
가치 찾기

새로운 직장에 다니기 시작한 지 3년쯤 되었을 때, 일상이 단조로워 지루함을 느꼈다. 삶의 의욕도 떨어져 설렘과 기대감도 사라졌다. 단순히 시간을 보내는 일상에서 행복이나 감사함도 찾기 어려웠다. 여름 장마처럼 우울한 날씨가 내 마음에도 그림자를 드리운 것 같았다. 나는 삶에 대한 최소한의 의무감만으로 살아가고 있었다. 처음에 가졌던 열정과 희망은 사라지고 마음은 공허해져 갔다.

어느 날 추석 명절에 동두천에 있는 부모님 집에서 가족과 함께 시간을 보내고 있었다. 그때 아들이 갑자기 고추가 아프다고 말했다. 처음에는 크게 걱정하지 않고 그냥 조금 더 놀라고 말하며 별로 신경 쓰지 않았다. 하지만 시간이 지나면서 아들의 통증이 심해지기 시작했다. 아들은 칭얼거리

108

기 시작했고 고추가 부풀어 오르는 것을 보고 우리는 모두 놀라서 당장 병원을 찾기 시작했다. 명절이라 근무하는 병원이 없어 결국 대학병원 응급실로 향했다. 아들은 몸살 기운이 있었는지 열도 나고 고통도 더욱 심해지는 것 같았다.

병원에 도착해 응급실에서 순서를 기다리는 동안, 사람들이 왜 이렇게 많은지 짜증이 나기도 했지만 어쩔 수 없었다. 3~40분 정도 지나 마침내 의사를 만날 수 있었지만, 나는 안에 들어가 볼 수 없어 밖에서 발을 동동 구르며 상황을 기다려야만 했다.

아들은 진료와 처방을 받았는데도 통증이 나아지지 않아 계속 울었다. 그 모습을 보며 내 마음이 무너졌다. 순간적으로 아들의 건강 앞에서 세상의 물질적인 모든 것들이 아무 소용이 없다는 것을 느꼈다. 응급실 진료를 마치고 집으로 돌아가 약을 먹고 다음 날 괜찮아지기를 기도했지만, 상황은 오히려 나빠졌다. 아들의 고추는 더 부풀어 올랐고, 이제는 움직일 수 없는 상태가 되었다. 통증이 심해져 소변조차 볼 수 없게 되었다. 목이 말라 물을 마셔야 하는데, 물을 마시면 통증 때문에 소변을 볼 수 없으니 환장할 노릇이었다.

더 이상 보고만 있을 수 없어 유명한 병원을 다시 찾았다. 아들을 본 의사는 상태가 심각하다고 했다. 처음 듣는 '포피염'이라는 진단에 걱정은 더 커졌다. 하루에 몇 방울씩만 소변을 보며 통증에 시달리는 아들을 보고 어떻게 해야 할지 몰랐다. 의사는 시간이 걸릴 것이라며 2~3주 정도 지나면 괜찮아질 것이라고 했다. 나는 그 말을 믿고 아들을 돌보며 기도했다.

아내와 나는 휴가 날짜를 맞춰가며 아들 곁을 지켰다. 결국 2주 넘게 지속된 고통스러운 시간을 가족 모두가 함께 보내야 했다. 다행히 조금씩 아들의 상태는 나아지기 시작했다. 그 며칠 동안 매일 아들을 보며 우리 가족은 함께 기도했다. 그때야 비로소 일상의 평범함이 얼마나 소중하고 감사한 것인지 깨달았다. 병원에서 기한 없이 아픔을 이겨내는 아이들과 환자들을 생각하니, 그들의 괴로움과 고통에 대해 잠시나마 생각해 볼 수 있었다. 그 순간 삶에 대한 감사가 자연스럽게 입에서 터져 나왔다.

일상의 기적

아침에 일어나 짜증을 내며 등원 준비하는 아들을 달래고 달래서 등원시키는 일, 아내가 아침에 바삐 준비하고 출근한 후 저녁에 무사히 집에 돌아오는 일, 가족 모두가 함께 저녁 식사를 하는 일. 이 모든 평범하면서도 소중한 일상들이 얼마나 중요한지 이번 사건을 통해 깨닫게 되었다. 그때부터 나는 매일의 일상에 감사하려고 노력하고 있다. 이 경험을 통해 삶의 진정한 가치에 대해 다시 한번 생각하게 되었다. 이전에는 물질적 가치를 중요하게 생각했지만, 아들이 아픈 것을 겪으며 세상의 어떠한 것도 아들의 건강과 바꿀 수 없다는 것을 절실히 깨달았다.

초긍정 마인드셋

얼마 전 강남의 한 부동산 청약에 많은 사람이 몰리면서 이것이 진정한 "로또"라는 말이 돌았다. 당첨되면 최소 4~5억은 벌 수 있다며 뉴스에도 자주 등장했다. 사람들은 마치 로또에 당첨되기를 바라는 것처럼 청약에 몰두하는 모습이었다. 이처럼 많은 이들이 눈에 보이는 가치, 즉 금전적 이익이나 재산 증식에만 집중해 이미 누리고 있는 것, 가지고 있는 것에 대해서는 잊어버리며 살 때가 많다. 하지만 진정 중요한 사실은 우리가 살아 있는 이 순간 자체가 어떤 로또보다도 큰 당첨이라는 것이다. 우리는 매일 매 순간을 살아간다는 것 자체에서 큰 의미를 찾을 수 있어야 한다.

생명이 있어 숨을 쉴 수 있고 매일 아침을 맞이할 수 있다는 사실은 그 자체로 놀라운 축복이자 기적이다. 우리는 일상에서 누리는 것을 당연히 여길 때가 많지만, 사실 당연한 것은 하나도 없다. 건강, 가족, 친구와의 관계, 그리고 우리를 둘러싼 자연과 환경 등이 그러하다. 세상에는 수많은 사람이 기본적인 생활 조건조차 갖추지 못한 채 하루하루를 견디고 있다. 깨끗한 물 한 모금이 그리운 이들, 병마와 싸우며 하루하루를 보내는 이들, 내전과 빈곤으로 고통받는 이들이 많다.

이런 상황에도 불구하고 우리는 비교적 안정된 환경에서 생활하고 있다는 것은 매우 감사할 일이다. 풍족을 넘어서 부족한 것을 찾기 어려운 시대에 살고 있다. 부동산 청약이나 재산 증식에만 몰두하기보다는 현재 가진 것들을 소중히 여기며 감사하는 마음을 가져야 한다. 물질적 가치보다는 삶의 질을 높이고 사랑하는 사람들과의 관계를 돈독히 하는 것이 중요하다. 이러한 것에 집중할 때 진정한 행복을 느낄 수 있다.

살아가면서 우리가 마주하는 모든 순간, 모든 관계, 모든 경험은 우리에게 주어진 기회이자 선물이다. 이를 통해 우리는 인생이라는 여정에서 의미 있는 발걸음을 내디딜 수 있다. 우리 삶 자체의 가치를 깨닫고 충실히 살아가는 것이다. 이것이야말로 모든 로또를 뛰어넘는 가장 큰 당첨이다. 그러니 지금 내가 가지고 있는 것에 집중하고 감사하며 살아가 보자. 그것이 행복의 시작이다.

현재에
집중하는 힘

인생은 연속된 순간들로 이루어졌으며 현재의 순간은 우리에게 가장 큰 가치를 준다. 과거의 추억과 미래 준비로 인해 현재에만 집중하는 것이 쉬운 일은 아니다. 하지만 진정한 삶의 의미를 발견하려면 현재에 집중해야 한다. 현재의 순간은 우리의 일상에서 소소한 기쁨과 발견의 순간을 준다.

현재 나는 회사에서 사업개발 업무를 담당하고 있다. 주된 업무는 기존 고객을 관리하고 신규 고객을 발굴하는 일이다. 고객을 만나는 것으로 대부분의 업무 시간을 보내다 보니 아침부터 고객사로 향하는 날이 많다. 차 안에 있는 시간에는 주로 고객과 전화하며 다양한 업무를 처리하기도 하고, 때때로 창가 너머로 보이는 사람들을 바라보며 생각에 잠기기도 한다. 저 사람들은 어떤 일을 하고 저 커플은 어떤 이야기를 나누는지 궁금해하기도 한다.

그들을 바라보다 문득 현재 나의 삶에 대해 감사한 마음이 떠오른다. 차로 이동하는 편리함, 만날 고객들이 있어서 느끼는 감사함. 비록 매 순간이 실적으로 이어지지는 않아도, 일상에서 벌어지는 작은 일들에 집중하다 보면 그 속에서 감사함을 느낀다.

삶의 작은 즐거움

차 안에서 밖을 바라볼 때 아름다운 풍경이 눈 앞에 펼쳐지고 좋은 날씨는 좋은 날씨대로 즐겁다. 비 오는 날이나 눈이 오는 날에는 그만의 특별한 즐거움이 있다. 기분이 좋지 않을 때는 음악을 크게 틀고 노래를 부르며 기분을 전환한다. 그 순간의 기쁨이 모든 걸 잊게 한다. 어려운 감정이 들 때는 친구에게 전화를 걸어 마음을 나누며 순간을 이겨 낸다. 차에서 이런저런 생각에 잠기면 불편했던 감정들이 사라지기도 하고 무슨 일이 있었는지 기억도 나지 않을 때가 있다. 또 생각지도 못한 고객의 전화 한 통에 기분이 좋아지기도 하고 마음에 위안이 들기도 한다.

일을 마치고 집에 돌아와 가족과 함께하는 저녁 식사는 하루의 피로를 풀어 주는 시간이다. 아이와 아내와 이야기를 나누며 함께 웃고 떠드는 그 순간을 즐긴다. 이런 시간이 나에게는 아주 큰 힘이 된다.

초긍정 마인드셋

내일의 일에 대해 미리 걱정하거나 염려하지 않으려 한다. 모든 것을 완벽하게 해내려는 부담을 덜고 만약 이번에 잘 안된다면 다음에, 다음이 아니라면 또 다른 방법을 찾아보면 된다. 인생은 길고 모든 것은 하나의 과정이다. 안 좋은 것들까지 굳이 붙잡고 있을 필요가 없다. 모든 것은 시간이 지나면 그렇게 대단한 일이 아니었음을 알게 된다. 내 삶은 이러한 크고 작은 순간들로 가득 차 있으며 바로 이 순간들이 나에게 진정한 삶의 의미를 일깨워 준다.

정신 건강과 마음의 평안

현재에 집중하는 것은 단순히 삶의 질을 향상하는 것 이상의 의미를 가진다. 이것은 정신 건강에도 깊은 영향을 준다. 과거의 후회와 미래에 대한 불안은 많은 사람이 경험하는 감정적 어려움이다. 이런 부정적인 감정은 스트레스, 불안, 우울증으로 이어질 수 있으며 일상생활에 영향을 미친다. 그러나 현재에 집중함으로써 부정적인 감정들을 관리하고 평온함을 찾을 수 있다. 현재에 집중하는 것은 마음을 안정시키고 더 행복하고 만족스러운 삶을 살 수 있도록 돕는다. 이를 삶에서 실천하기 위해 몇 가지 방법을 소개한다.

첫째, 사색은 현재에 집중하는 데 있어 가장 효과적인 방법 중 하나이다. 사색은 마음을 가라앉히며 순간에 집중할 수 있도록 돕는다. 사색을 통해 잡념을 걷어내고 내면의 평화를 찾을 수 있다. 과거의 후회나 미래에 대한 걱정에서 벗어나 현재의 순간을 충분히 즐길 수 있게 한다. 과거에 대한 후회가 떠오를 때 그것을 인정하고 현재의 자신이 그 경험으로부터 무엇을 배웠는지 생각해 볼 수 있다. 미래에 대한 걱정이 있을 때는 현재 할 수 있는 것에 집중하면 걱정을 현실적인 계획으로 전환하는 데 도움이 된다.

둘째, 일상 활동에서의 의식적인 집중도 중요하다. 예를 들어, 식사할 때 음식의 맛과 질감에 집중하거나 걸을 때 주변의 소리와 풍경에 주의를 기울이는 것 등은 현재의 순간에 의식적으로 집중하는 것이다. 이런 의식적인 활동은 삶의 작은 즐거움들을 더욱 깊게 느끼게 한다.

마지막으로, 감사 일기를 쓰는 것도 도움이 된다. 매일 감사한 것을 기록하는 것이 힘들다면 그냥 입으로 중얼거리기만 해도 좋은 효과를 볼 수 있다. 걱정되는 마음과 불안한 마음이 사라지고 금방 평안한 마음을 되찾을 수 있다.

이러한 방법들을 통해 과거의 후회와 미래에 대한 불안에서 벗어나 현재의 순간을 충실히 살아갈 수 있다. 현재에 집중함으로써 정신적으로 건강해지며 삶에서 만족과 행복을 찾을 수 있다. 나만 특이하고 문제가 있어서 부정적인 생각을 하는 것이 아니다. 누구나 이런 부정적인 생각과 마음이 매일 생긴다. 그러므로 매일매일 이 부정적인 에너지를 내보내기 위해 의도적인 연습과 훈련이 필요하다. 그리고 의도적인 연습과 훈련을 통해서만 내면의 근육을 성장시킬 수 있다.

인간관계에서도 현재의 순간을 소중히 여기는 것의 중요성은 삶에서 분명히 나타난다. 사랑하는 사람들과 함께하는 시간, 그들과의 대화에 집중할 때, 나는 훨씬 더 깊은 관계를 형성할 수 있음을 경험했다. 자녀와 함께 놀 때나 친구와 대화를 제대로 집중해서 듣고 나누는 순간, 가족과 함께하는 식사 시간 등 모두 현재에 집중함으로써 그 즐거움이 배가된다. 내가 개인적인 취미나 관심사의 시간을 할애할 때도 마찬가지다. 책을 읽을 때, 글을 쓸 때, 운동할 때, 나는 현재의 순간에 완전히 몰입하려고 노력한다. 이런 순간들은 일상에서 벗어나 삶의 즐거움을 찾는 시간이 된다.

현재의 순간이 주는 즐거움을 알고 그것을 즐기며 살아가는 것은 삶의 질을 향상하고 일상을 행복하게 만든다. 삶은 지금, 이 순간에 존재한다. 매 순간을 어떻게 살아가는지가 자신의 삶을 결정한다. 내가 현재의 순간을 소중히 여기고 그 순간을 최대한으로 살아간다면 매일의 삶에서 기쁨과 행복을 발견할 수 있다.

욕심이라는
독에서 벗어나기

"가장 큰 욕망에서 가장 무서운 증오가 일어난다." – 소크라테스

욕심은 인간의 본성과 깊숙이 연결된 감정이다. 내가 추구하는 성공, 인정, 그리고 더 많은 것을 얻고자 하는 욕구에서 비롯된다. 인간은 자연스럽게 더 나은 삶, 더 높은 지위, 더 큰 부를 원한다. 이는 진화의 산물이며 생존과 번영을 위한 본능적인 추구다. 그러나 이 본능적인 추구가 과도하면 욕심은 달콤한 유혹에서 독이 되는 순간을 맞이한다.

욕심의 과도한 추구는 내가 진정으로 원하는 것과는 거리가 멀어지게 만든다. 진정으로 추구해야 할 것은 내면의 평화, 안정감, 그리고 진정한 행복이다. 그러나 욕심이 커질수록 이러한 본질적인 것들이 점차 흐려진다. 욕심의 그늘에서 내가 무엇을 진정으로 추구하는지, 무엇이 나에게 진정한 의미 있는 것인지를 잊어버리게 된다.

욕심은 더 큰 성공, 더 많은 부, 더 높은 지위를 향한 끊임없는 추구로 변모한다. 이 무한한 추구는 결국 스스로 지치게 하고 내면에서 중요한 것들을 앗아간다. 욕심의 늪에 빠져 내면의 평화를 잃고 스스로 파괴하는 길을 걷게 된다. 욕심은 자신의 발전과 성장을 위한 원동력이 될 수 있지만, 그것이 무절제해지면 삶의 균형을 잃게 하고 결국 자신을 파멸로 이끄는 독이 될 수 있음을 경험했다.

나의 경우, 욕심은 처음에는 단순한 바람에서 시작되었다. "잘하고 싶다." 이 작은 소망은 우리 모두의 마음속에 자리 잡고 있듯이 나 역시도 그랬다. 이 소망을 품고 원하는 것을 성취하기 위해 노력하며 자신감을 쌓아나갔다. 이 과정에서 나의 능력을 신뢰하기 시작하고 성공의 달콤한 맛을 맛보기도 했다.

그러나 이러한 성취의 과정에서 욕심이라는 그림자가 서서히 커지기 시작했다. 처음에는 "조금 더 잘하고 싶다."라는 마음이었지만, 시간이 지나면서 "내가 남들보다 더 나아야 한다.", "더 빨리 성공해야 한다."라는 생각이 나의 마음을 지배했다. 이러한 생각은 무의식적으로 나를 타인과 끊임없는 경쟁으로 몰아갔고 남들의 성공을 보면서 나 자신을 평가절하했다. 자신감은 서서히 사라지고 나의 가치를 남들의 성취와 재산으로 비교하기도 했다. 이는 시기와 질투의 감정으로 이어졌고 타인의 성공을 보며 나의 부족함을 탓하게 되었다. 이 과정에서 나의 행복보다는 타인의 행복에 집착하게 되었다. 나의 내면은 점차 불행과 불만으로 가득 차게 되었고 욕심의 그림자는 나를 점점 더 깊은 늪으로 끌어내렸다. 결국, 욕심이 과도해지면서 나의 발전과 성장을 방해하고 행복까지 앗아가는 경험을 하게 되었다.

욕심을 넘어선 감정은 나의 자존감을 낮추었다. 스스로 자책하며 비난하는 것으로까지 이어졌다. 다른 사람들을 부러워하고 때로는 미워하며 스스로 괴롭히는 괴로운 시간을 보냈다. 욕심의 끝은 언제나 자기 파괴로 이어졌다. 이 굴레에서 벗어나기 위해 끊임없이 고군분투했지만, 헤어 나오기 힘들었다.

이러한 감정의 부작용은 심리학적 연구를 통해 쉽게 이해할 수 있다. 예를 들어, 사회 비교 이론은 타인과 자신을 비교할 때 발생하는 부정적인 감정의 원인을 설명한다. 이 이론에 따르면, 타인과의 비교는 자존감을 훼손하고 부정적인 자기 인식을 심어 준다. 소셜 미디어의 확산으로 인해 우리는 끊임없이 타인의 삶과 쉽게 비교하게 되며, 이는 정신 건강에 악영향을 미치기도 한다.

심리학자 레온 페스팅거는 사람들은 다른 사람과 비교하여 자신을 평가하려는 본성을 가지고 있다는 사회 비교 이론을 제시했다. 이러한 비교는 가끔은 우리를 더 자신감 있게 만들 수도 있지만, 대체로 부정적인 결과를 낳는다. 다른 사람이 잘하는 것을 보면 우리는 스스로를 못난 사람으로 여기며 자존감이 떨어진다. 가장 흔히 발생하는 문제는 우울해지며 자신에게 부정적인 말을 하게 되는 것이다. 이런 생각들은 스트레스를 받고 불안하게 만든다. 결국 다른 사람의 성공이나 행복을 보며 자신을 덜 가치 있게 여기게 되기도 한다.

심리학 연구에 따르면 타인과의 비교가 많을수록 불행감도 증가한다고 한다. 재산, 외모, 성공 같은 외부적 요인들에 대한 비교는 우리의 만족도를 지속해서 감소시키며 내면의 불안과 불만을 더 크게 만든다. 우리의 뇌는 타인의 성공을 보며 느끼는 부러움이나 질투 같은 감정에 특별하게 반응한다. 이 감정들은 뇌의 특정 부위를 활성화하는데, 이는 스트레스와 관련된 반응과 유사하다. 즉, 타인과의 지속적인 비교와 부러움은 우리의 정신 건강에 직접적인 영향을 미치며 장기적으로 삶의 질을 떨어뜨린다.

이러한 나의 경험을 통해 욕심의 본성을 이해하고 그것을 조절하는 것이 얼마나 중요한지를 깨달았다.

욕심의 씨앗

최근에 회사를 옮겼다. 모든 과정이 내가 바라던 대로 흘러가 일하는 것이 즐거웠다. 회사, 동료, 복지, 업무 환경 등 모든 것이 마음에 들었다. 그렇기에 나도 회사와 그들에게 좋은 동료가 되기 위해 열심히 노력하며 업무에 집중했다. 하지만 어느 날, 동료들의 연봉 이야기를 우연히 듣게 되었고, 그것이 내 마음에 작은 변화를 일으켰다. "다른 사람들은 얼마나 받나?", "내 연봉이 누구보다 낮은 건 아니겠지?"라는 의문이 끊임없이 머리를 맴돌았고, 이런 생각에 사로잡혀 업무에 집중하기 어려웠던 적이 있었다. 그러나 곧 중요한 사실 하나를 깨달았다. 바로, 이런 사소한 욕심이 나를 파괴하기 시작한다는 것이었다.

타인과의 비교와 끊임없는 욕심은 우리 삶을 망친다. 욕심의 늪에서 벗어나 자기 내면에 집중하고 자신의 성취와 가치를 인정하는 방향으로 나아가야 한다. 나 자신과의 긍정적인 대화를 통해 자존감을 회복하고 건강하고 행복한 삶을 살아야 한다. 타인과 끊임없는 비교, 끝없는 욕심의 추구는 해가 되며 삶을 공허하게 만든다. 이것은 마치 끝이 보이지 않는 추구의 미로와 같아서 영원히 만족할 수 없는 상태로 몰아간다. 마음에 불평과 불만이 생길 때는 무언가 욕심을 부리고 있는 것은 아닌지 생각해 보자.

자신의 내면에 집중하고 자신만의 성취와 있는 그대로를 인정해 보자. 이것은 타인과의 비교가 아닌 자신의 행복을 추구하는 길로 나아가게 한다. 자신의 성취를 소중히 여기고 자신과 긍정적인 대화를 나누면 점차 자

초긍정 마인드셋

존감을 회복하고 건강하고 만족스러운 삶을 살 수 있다.

행복과 만족은 외적 성공이나 타인과의 비교에서 오는 것이 아니다. 자신의 내면에서 비롯되는 것이다. 자기 자신을 이해하고 자신의 진정한 가치를 인식할 때, 욕심이라는 독에서 벗어나 기쁨과 만족을 경험할 수 있다. 욕심의 깊은 늪에서 벗어나려면 먼저 자기 내면을 들여다보고 진정으로 중요한 것이 무엇인지를 깨닫는 것이 필요하다. 자신의 진정한 가치와 삶의 의미를 찾아가는 여정에서 욕심이 아닌 내면의 진정한 만족을 추구해 보자.

5

가족과 함께하는
시간의 가치

> "좋은 집이란 사는 것이 아니라 만들어지는 것이어야 한다."
> – 조이스 메이나드

가족과 함께하는 시간은 인생에서 가장 귀중하고 뜻깊은 순간 중 하나이다. 과거에는 가족과 함께 보내는 시간을 단순히 모범적이고 가정적인 일로만 여겼을지 모른다. 바쁜 일상 속에서 가족과 보내는 시간은 그저 당연한 일상의 일부로 생각되곤 했다. 하지만 물질적 욕심에서 벗어나 일상의 소중함을 깨닫기 시작했을 때부터, 나는 인생에서 가장 값진 것이 무엇인지를 깨달았다. 그것은 바로 가족과 함께하는 시간이었다. 가족과 함께하는 시간은 돈으로 살 수 없는, 되돌릴 수 없는 유일한 순간이다. 과거에는 이런 순간들을 당연하게 여겼을지 모르지만, 이제는 그 순간들이 얼마나 귀중한지 알게 되었다.

현재가 인생에서 가장 소중한 시간이라는 것을 깨닫게 되면, 가족과 함께하는 순간들은 더 이상 단순한 일상의 일부가 아니다. 그 시간은 인생의 가장 값진 순간들로 다가오게 된다. 가족은 내 삶의 가장 중요한 가치이며, 그들과 함께하는 시간은 내 삶의 중심이 되었다. 이제는 가족과 함께하는 식사 시간, 함께 웃고 떠드는 순간, 서로의 이야기를 나눌 때가 무엇보다 소중하게 느껴진다. 이 시간이야말로 진정한 행복의 원천임을 깨달았다.

가족과의 시간은 나의 삶에 깊이 있는 의미를 부여해 주는 중요한 부분이 되었다. 이러한 깨달음 덕분에 나는 매일의 순간들을 더 감사하게 여기며, 가족과 함께하는 시간을 더욱 소중히 여긴다.

평범한 날의 소중함

어느 날 가족에 대한 걱정이 내 마음을 무겁게 했다. "오늘이 마지막이라면 내가 없는 가족들은 어떻게 될까?"라는 질문이 갑자기 내 머릿속에서 떠올랐다. 이런 걱정이 들 때면 가족에게 더 많은 사랑과 관심을 쏟아야겠다고 생각하곤 했다. 회사에서 평소보다 일찍 퇴근하고 들어왔는데 집 안 거실이 온통 아들 장난감으로 뒤덮여 있었다. 아무도 없는 조용한 집에서 아들의 어질러진 장난감들을 한 개씩 장난감 통에 담아 가는 중에 며칠 전 아들이 사달라고 했던 장난감이 생각났다. 평소 핸드폰 중고 거래 앱으로 아들이 좋아하는 장난감을 함께 보곤 했는데, 얼마 전 아들에게 사 주기로 약속한 그 장난감을 아직 사 주지 못한 것이 내 마음을 불편하게 했다.

그냥 모른 척 지나칠 수도 있었지만, 오늘이 마지막일 수도 있다는 생각에 문의했던 판매자에게 연락해서 거래 가능 여부를 확인했다. 다행히 판매자는 거래가 가능하다고 답해 주었고 나는 서둘러 차를 몰고 판매자를 만나러 갔다. 집에 있던 사탕 몇 개를 챙겨 판매자에게 작은 감사의 선물로 전달하며 장난감을 건네받았다. 종이봉투를 열어 보니 그 안에는 아들이 분명 좋아할 장난감이 들어 있었다. 그 순간 아들의 행복한 웃음을 상상하니 마음이 한결 가벼워졌다.

아들이 어린이집에서 돌아올 시간을 기다리며 오늘은 아들을 꼭 안아 주고 "사랑한다."고 말해야겠다고 생각했다. 우리가 매일 맞이하는 평범한 날들이 얼마나 소중한지, 그리고 우리가 그 소중함을 얼마나 잊고 사는지를 다시 한번 깨달았다. 평범한 듯 보이는 하루하루가 사실은 우리에게 주어진 큰 선물이다. 언제가 마지막일지 모르니 매 순간을 사랑하며 최선을 다해 살아가야 한다는 것을 다시 한번 마음 깊이 새겼다.

가족과의 일상적인 순간들이 우리의 삶을 얼마나 풍요롭고 안정적으로 만드는지 이제는 안다. 아이와 함께 집 앞 놀이터에서 놀 때, 아내와 조용한 저녁을 보낼 때, 가족과 함께하는 주말이 내 삶에서 가장 우선시해야 할 순간들이다. 이 순간들이야말로 다른 어떤 일보다 중요하며 가장 소중히 여겨야 할 시간이다. 아이와 함께 뛰어놀며 웃음소리를 듣고, 가족과 함께하는 시간, 가족이 모여 이야기를 나누며 서로의 일상을 공유하는 순간들은 나의 삶을 가장 밝게 만드는 순간이다. 당연하게 누리는 매일의 일상은

초긍정 마인드셋

당연한 것이 아니다. 자다가 무슨 일이 일어날지도 모른다. 우리는 한 치 앞을 내다보지 못하는 존재이다. 인생을 나중에 돌아볼 때 어떤 물질적 성공이나 사회적 지위보다 가족은 훨씬 더 큰 의미가 있다. 가족과 보낸 시간은 아이에게 남길 수 있는 가장 값진 유산이며 나의 모습은 가족의 기억 속에 영원히 남는다. 물론 사회적으로 성공하고 누구나 부러워하는 삶을 사는 것도 멋지지만, 내가 꿈꾸는 진정한 성공은 사랑하는 가족에게 좋은 남편, 존경받는 아버지, 그리고 자랑스러운 아들로서 살아가는 것이다.

삶의 진정한 행복, 가족과 함께

내가 가족에게 얼마나 사랑과 관심을 주었는지, 그들과 함께하는 시간을 얼마나 소중히 여겼는지, 그리고 얼마나 시간과 노력을 들였는지가 중요하다. 나의 이름을 내가 죽는 마지막 순간까지 기억해 줄 사람은 결국 가족이다. 나의 삶에서 가장 영향력 있는 존재, 행복과 슬픔을 함께 나누고 마지막까지 함께할 사람들은 바로 가족이다. 이 사실을 결코 잊어서는 안 된다. 가족과 함께한 시간은 단순한 일상을 넘어 삶의 질을 바꾸고 진정한 행복과 만족을 선사한다. 가족과의 시간은 그 어떤 성공보다 소중하다. 우리가 일과 경력에서 이루는 성공은 일시적일 수 있지만, 가족과의 관계는 평생 지속된다. 가족과의 추억은 시간이 지나도 변하지 않는다. 아이들과 함께한 놀이 시간, 배우자와 나눈 깊은 대화, 부모님과의 소중한 순간들은 마음속에 영원히 남는다.

"만약 오늘이 당신의 마지막 날이라면, 누구와 그 시간을 보낼 것인가?" 이 질문은 우리가 삶에서 진정 중요한 것이 무엇인지 깨닫게 한다. 바쁜 일상과 계속된 삶의 목표 속에서 우리는 가장 소중한 것을 잊는다. 그것은 바로 가족이다. 가족과의 시간은 단순히 주어지는 것이 아니다. 일과 성공을 향한 노력도 중요하지만, 가족과 함께하는 시간을 최우선 가치로 여기는 것은 더 중요하다. 진정한 행복과 만족은 사랑하는 사람들과 함께할 때 더 크게 다가오기 때문이다.

자기 삶에서 가장 중요한 것이 무엇인지, 이를 어떻게 가까이할 수 있을지 생각해 보자. 가족과의 시간을 소중히 여기고 그 순간들에서 삶의 진정한 의미와 행복을 발견함으로써 날마다 더 의미 있고 충만하게 살아가자. 가족과의 시간을 최대한 활용하여 서로의 삶을 더욱 행복하고 의미 있게 만들기 위해 노력하자. 매일의 삶 속에서 작은 것들에 감사하고 서로를 지지하며 성장할 수 있다면 행복은 언제나 우리 곁에 있음을 알게 될 것이다.

6

일의 진짜 의미
깨닫기

> "일하여 얻으라, 그러면 운명의 바퀴를
> 붙들어 잡은 것이다." – 랄프 왈도 에머슨

직장 생활 11년 차에 접어든 나는, 세 번의 이직을 거쳐 현재 네 번째 회사에서 근무하고 있다. 이직의 이유는 다양하다. 연봉과 업무의 불만족, 상사와의 갈등, 그리고 더 나은 기회와 커리어 개발이나 개인적인 성장의 이유에서였다. 처음에는 단순히 더 나은 조건을 찾아 떠나는 것이 목표였지만 시간이 흐르면서 진정으로 나에게 의미 있는 일을 찾고자 하는 열망이 커졌다.

현재의 직장에서는 이전과는 다른 만족감을 경험하고 있다. 전반적인 근무 조건과 환경이 만족스러워 일에 대한 열정도 새롭게 불타올랐고 동료들과도 좋은 관계를 유지하고 있다. 이러한 긍정적인 환경 속에서 나는 내 경력을 한 단계 더 발전시킬 수 있었다. 그러나 직장 생활은 여전히 불확실성을 갖고 있다. 동료들과의 경쟁, 상사의 기대를 충족시켜야 하는 압박, 업무 실적, 그리고 끊임없이 변화하는 업무 환경은 나에게 지속적인 도전을 가져다준다.

일이란 것에 대해 깊이 고민해 보면, 일이 단순한 생계 수단을 넘어서는 것을 알 수 있다. 일은 삶의 중요한 부분이다. 일은 가정을 돌보고 아이를 양육하는 것에서부터 개인적 성장과 사회적 기여에 이르기까지 다양한 활동을 할 수 있게 해주는 지지대 같은 역할을 한다. 일은 우리의 삶에 의미를 부여하고, 우리가 목표를 향해 나아갈 수 있도록 돕는다.

예를 들어, 돌봄교실 교사로 일하는 한 지인은 매주 아이들에게 지식을 전달하고 그들의 성장을 지켜보는 과정에서 큰 만족감을 얻는다. 아이들의 눈에 빛나는 호기심과 학습에 대한 열정을 보며 교육의 중요성과 자신의 역할에 대해 깊은 자부심도 갖는다. 각각의 아이가 새로운 세상을 이해하고 스스로 생각을 표현하는 모습을 보며, 그녀는 자신의 노력이 아이들의 미래에 긍정적인 영향을 미치고 있다는 것을 실감한다.

또한, IT 개발자로 일하는 친구는 기술 혁신을 통해 사회에 기여하는 것에서 만족감을 얻는다. 그는 최신 기술을 활용해 혁신적인 솔루션을 개발하며 이를 통해 사람들의 삶을 개선하는 데 일조한다는 자부심도 느낀다.

초긍정 마인드셋

결국, 일은 단순히 돈을 버는 수단이 아니라 개인적 성장과 사회적 기여의 중요한 매개체이다. 각자의 역할 속에서 의미를 찾고, 그 의미가 삶의 질을 높여 주는 중요한 요소가 된다.

매일의 도전, 매일의 기회

나 역시 이전에는 깨닫지 못했던 것을 최근에 알게 되었다. 내가 하고 있는 일이 단순히 나만을 위한 것이 아니라 사회에도 도움이 되는 일임을 말이다. 사회에서 큰 역할은 아니지만, 아주 작게나마 내가 하는 일을 통해 무언가 변하고 개선된다는 것을 알게 되면서 불평과 불만 대신 일의 재미와 감사함을 느끼게 되었다. 이런 변화가 나에게 새로운 깨달음을 주었다. 일을 한다는 것 자체에서 느끼는 감사함과 사회적인 소속감은 내가 이전에 전혀 몰랐던 부분이었기 때문이다.

이제 나는 일이 있기에 사회적 역할을 할 수 있다는 것을 알게 되었다. 일 덕분에 가족을 부양하고 필요한 것을 살 수 있으며, 삶의 여러 면에서 안정감을 느낀다. 일은 나에게 단순한 수입원이 아니라 삶의 질을 높이고 개인적으로 성장할 기회를 준다. 일을 통해 책임감을 느끼고, 도전을 통해 성장하는 기쁨도 경험하고 있다.

매일의 업무는 새로운 학습의 기회를 주고 전문성을 키우며 나만의 경쟁력을 강화하게 한다. 일은 나를 사회와 연결하고 동료들과 협력하면서 팀 워크와 공동체 의식도 성장하게 한다. 이제 나는 일을 통해 삶의 의미를 찾고 매일의 업무에서 즐거움과 도전을 발견한다. 누구나 직장 생활에서 어려움과 도전을 경험하지만 일을 통해 얻는 긍정적인 감정과 성장은 우리 삶을 풍요롭게 한다. 일은 단순히 돈을 벌기 위한 수단이 아니라 우리의 성장과 행복을 위한 중요한 요소이다.

물론, 직장 생활이 항상 순탄한 것만은 아니다. 매일 마주하는 어려움과 도전은 쉽사리 사라지지 않는다. 보기 싫은 직장 상사, 무의미하게 느껴지는 구조적 답답함, 동료와의 힘든 인간관계, 그리고 때로는 해결책이 보이지 않는 업계의 문제들까지. 이 모든 것들이 때로는 나를 벼랑 끝으로 몰아세우는 것처럼 느껴질 때가 있다.

하지만 중요한 것은 우리가 처한 환경과 상황에서 할 수 있는 부분을 찾아내는 것이다. 우리는 자신에게 한계를 설정하고 그 안에서만 기회를 찾으려 한다. 그러나 실제로는 기회는 항상 우리 주변에 존재한다. 우리가 그것을 인식하지 못하는 것일 뿐이다. 때로는 해결책이 보이지 않는 문제들 조차도 그 안에서 배우고 성장할 기회를 준다. 기회는 언제나 우리 주변에 있다. 어제 무너졌던 것을 오늘 다시 세울 기회도 날마다 주어진다. 나의 인성, 인내심, 꾸준함, 부족함, 능력, 실력 등 이 모든 것을 새롭게 다시 쌓아 올릴 수 있다.

직장 상사의 압박과 괴롭힘 속에서도 나는 매일 주어진 상황에 대해 고민하며 위기를 극복할 방법을 찾아냈다. 업무를 한 번 더 점검하고 내 부족함을 스스로 메꾸며 노력했다. 이러한 노력 덕분에 업무가 손에 익고 눈에 빠르게 들어오기 시작했다. 처음에는 동료들에게 좋은 인상을 주려고 애썼지만, 이제는 내가 그들에게 필요한 사람이 되기 위해 노력한다. 나의 업무 능력과 실력을 쌓는 것에 집중하고 있다. 나의 업무에 집중하고 더 잘하기 위해 노력하면서 일을 통해 내면적으로나 외면적으로 성장하는 모습을 볼 수 있었다.

이렇게 스스로 성장하면 회사가 아니더라도 어디서든 잘 살아 낼 수 있다고 믿는다. 현재 상황을 기회로 보고 스스로 변화시키는 것, 직장에서 매일 맞닥뜨리는 순간을 기회로 여기고 정면으로 돌파하는 것이 바로 나를 성장시킬 수 있는 길이다. 이렇게 하나하나 쌓인 기회들이 결국 큰 성공으로 이어질 것이라 확신한다. 자신을 성장하게 할 수 있는 기회가 날마다 주어진다. 그 하루하루가 바로 기회다.

7

인간관계를
새롭게 보다

"지붕은 햇빛이 밝을 때 수리해야 합니다." – 존 F. 케네디

나는 언제나 인간관계가 성공의 가장 중요한 부분이라고 생각해 왔다. 타인의 인정, 소통, 그리고 교류하는 즐거움은 내 삶의 많은 부분을 차지했다. 다양한 모임에 참여하며 새로운 인연을 만들기 위해 끊임없이 노력했고 사람들의 긍정적인 평가와 칭찬은 나에게 기쁨을 줬다. 하지만 반대로 부정적인 평가가 들릴 때 그것이 나를 힘들게 만들곤 했다. 이런 경험들은 나에게 인간관계의 어려움과 스트레스를 일깨워 주었다.

나는 외향적이고 활기찬 사람으로 보이는 반면에 실제로는 타인의 평가에 매우 민감하게 반응하는 내면을 가지고 있었다. 자존감이 낮아서일까. 칭찬을 들을 때의 기쁨과 비판적인 말을 들을 때의 우울이 나의 하루를 지배했다. 이러한 과정은 나를 지치게 만들고 때로는 마음의 불안감을 안겨

주었다. 사람들이 모여 이야기하는 것은 자연스러운 일이지만 나는 그런 상황에서도 과도한 반응을 보이며 많은 에너지를 소모했다. 이러한 사실을 깨닫고 나니 나는 인간관계에 대한 나의 접근 방식을 다시 생각해 보게 되었다. 타인의 평가에 너무 의존하지 않고 나에게 집중하는 법을 배워야 한다는 것을 알게 되었다. 나의 가치와 자존감은 타인의 의견이 아닌 나 자신의 내면에서 비롯되어야 한다는 깨달음이었다.

지난 10년간의 직장 생활은 나에게 다양한 동료들과 깊은 우정을 만들어 주었다. 우리는 술자리에서 만나 서로의 삶을 공유했고 그곳은 우리 관계의 중심지였다. 술잔을 기울이며 서로의 스트레스를 해소하고 일상의 고단함을 잊었다. 하지만 이러한 술자리 중심의 관계는 어느 순간부터 나에게 실망감을 주기 시작했다.

어느 날, 장인어른이 위독하다는 소식을 받고 얼마 지나지 않아 장인어른이 세상을 떠나셨다. 장인어른의 갑작스러운 별세는 나에게 큰 시련이었고, 이 고통스러운 시간 동안 나는 가족을 돌보는 데 집중했다. 나는 부고를 지인들과 동료들에게 알렸고 그중 어떤 이들에게는 구체적으로 도움을 구했다. 하지만 장례식이 진행되는 동안 나와 전날 술을 마시던 동료 중 장례식에 와 준 사람은 아무도 없었다. 반면, 평소 식사도 몇 번 같이하지 않았던 동료들은 나를 위로하기 위해 찾아왔다.

이러한 경험은 내가 그동안 맺어 왔던 인간관계에 대해 근본적으로 다시 생각해 보게 했다. 술자리에서의 화기애애한 분위기와 평생을 함께하자는 말들이 실제 중요한 순간에는 다 사라져 버렸다. 진정한 우정과 인간관계의 의미에 대해 고민하게 된 순간이었다. 진정한 친구란 무엇일까? 우정은 단지 술자리에서의 웃음과 즐거움에만 국한되는 것일까?

이 사건은 나에게 인간관계를 재평가하는 계기가 되었다. 이제까지 얼마나 많은 시간을 의미 없는 관계에 투자했는지, 그리고 진정으로 가치 있는 관계는 무엇인지 생각해 보게 되었다. 서운함과 실망감을 느꼈지만, 이를 계기로 일시적인 관계에 시간을 낭비하지 않기로 했다. 대신, 나의 삶에 진정한 의미와 가치를 더해 줄 수 있는 깊이 있는 관계를 만드는 데 더 많은 시간과 에너지를 투자하기로 했다.

관계의 중요성

가장 먼저 나는 나 자신과의 관계를 되돌아보았다. 자신을 사랑하고 존중하는 것이 타인과의 관계를 형성하는 데 기본이 된다는 것을 깨달았다. 자존감이 낮은 상태에서는 진정한 관계를 맺기 어려웠다. 그래서 나 자신을 돌보고 나의 감정을 존중하기 시작했다. 이는 나에게 큰 변화를 가져왔다. 나 자신을 이해하고 수용하면서 타인과의 관계에서도 진솔하고 열린 마음으로 대할 수 있었다.

나는 기존의 관계를 재평가하고 소중한 사람들과 깊은 유대감을 형성하려고 노력했다. 먼저 가족과의 관계를 강화하기로 했다. 가족과 많은 시간을 보내고 그들의 이야기에 귀 기울이며 함께하는 순간을 소중히 여겼다. 가족은 내가 어떤 상황에서도 의지할 수 있는 든든한 지원군이자 나의 존재를 조건 없이 사랑해 주는 사람들이다. 이러한 관계를 소중히 여기고 서로에게 더 많은 관심과 애정을 기울이면서 가족 간의 유대감이 더 깊어졌다.

친구 관계에서도 선택과 집중을 선택했다. 수많은 사람과의 얕은 관계보다는 진정으로 나를 이해하고 지지해 줄 수 있는 몇몇 사람들과 깊은 관계를 만들려고 노력했다. 이를 위해 나는 친구들과 더 자주 소통하고 그들의 삶에 더 관심을 가지기로 했다. 우리는 서로의 꿈과 목표를 공유하고 어려운 순간에는 서로에게 힘이 되어 주는 진정한 친구가 되기로 다짐했다. 이렇게 서로를 이해하고 지지하는 관계는 나에게 큰 힘이 되었다.

나의 사회적 관계도 재정비했다. 직장 내에서도 진정으로 서로에게 도움이 되는 관계를 맺으려고 노력했다. 직장 동료들과의 관계를 개선하기 위해 더 많은 대화를 나누고 서로의 의견을 존중하며 도우려고 했다. 이를 통해 더 강한 팀워크를 형성할 수 있었고 업무 성과도 자연스럽게 향상되었다. 또한 업무 외의 시간에도 함께 어울리며 서로의 삶을 이해하고 지지하는 관계로 발전해 나갔다.

이러한 관계 재정비의 과정에서 가장 중요한 것은 진정성과 신뢰였다. 내가 진심으로 상대방을 대할 때, 상대방도 나에게 진심을 보여 주었다. 신뢰를 바탕으로 한 관계는 단단하고, 어려운 순간에도 서로에게 힘이 되어 준다.

이제는 타인에게 의지하기보다는 나 자신에게 더 많은 책임감을 주기로 했다. 다른 사람들에게 나의 행복을 의존하기보다는 스스로 나의 행복을 만들어 나가는 것이 중요하다는 것을 알았다. 이는 나에게 큰 자유를 주었고 인간관계에서도 더 건강한 자세를 취할 수 있게 해주었다. 나는 더 이상 다른 사람의 평가에 지나치게 신경 쓰지 않고 나 자신을 더욱 믿고 나아가기로 했다.

하루하루가 소중하고 그 시간을 누구와 어떻게 보내느냐가 나의 삶의 질을 결정한다. 그래서 나는 나에게 진정으로 중요한 사람들과의 시간에 더 많은 에너지를 투자하고 의미 없는 관계나 활동에는 시간을 낭비하지 않기로 다짐했다. 더 이상 외적인 평가에 연연하지 않고 내면의 평화와 만족을 추구하며 살아가고 있다. 진정한 인간관계는 서로에게 힘이 되어 주고 삶을 행복하게 만들어 준다. 나는 이제 나의 삶에서 진정한 의미와 가치를 찾으며 깊이가 충만한 매일을 살아가고 있다.

후회는 멈추고,
비교는 지우고

더 나은 삶을 향한 여정에서 후회와 비교는 우리의 발목을 잡는 큰 장애물이다. 이 두 가지는 마치 블랙홀처럼 우리의 에너지를 빨아들이며 내면의 성장을 방해한다. 대부분의 사람들은 과거의 선택과 결정에 대해 후회하고 다른 사람들의 삶과 비교하며 자신을 괴롭힌다. 이런 태도는 우리의 가능성을 제대로 발휘하지 못하게 만들고, 많은 이들이 이 두 가지 덫에 빠져 허우적댄다.

후회는 과거에 얽매여 그때의 결정과 행동에 대한 지속적인 반성과 슬픔을 불러일으킨다. 이는 현재와 미래의 행동과 결정에 부정적인 영향을 미친다. 비교는 우리를 타인과 잘못된 기준으로 평가하게 만들어 자존감과 자신감을 저하하고 성공으로 나아가는 길에 실질적인 장애물로 작용한다.

후회와 비교의 늪에서 벗어나기 위해서는 자신의 과거를 수용하고 현재의 자신을 긍정하는 태도가 필요하다. 과거는 이미 지나간 것이므로 과거의 결정을 통해 배운 점을 인정하고 그 경험을 토대로 더 나은 미래를 만들어 나가야 한다. 또한 다른 사람들과의 비교를 통해 스스로 평가하기보다 자신만의 기준과 목표를 세우고 그에 맞춰 자신을 평가하는 것이 중요하다.

자신을 긍정하고 자신의 길을 확고히 할 때 우리는 진정으로 성장할 수 있고 더 나은 미래로 나아갈 수 있다. 과거의 실수와 타인의 삶에 대한 비교에서 벗어나 자신의 삶을 주도적으로 이끌어갈 때 진정한 의미에서의 성공과 만족을 경험할 수 있다. 매일매일을 기회로 여기고 자신만의 길을 걸으며 성장하자. 이것이 바로 우리가 자신의 삶에서 찾아야 할 진정한 가치이며 후회와 비교를 넘어서는 방법이다. 다른 사람들과 비교하는 것은 내가 이 세상에서 유일한 존재임을 잊게 만든다. 각자의 삶은 서로 다른 배경, 경험, 그리고 목표를 가지고 있다. 누군가와 비교하는 것은 올바른 방법이 아니다. 우리는 이러한 후회와 비교의 늪에서 벗어나기 위해 의식적인 노력이 필요하다. 과거의 실수를 받아들이고 그것에서 배울 점을 찾아야 한다. 과거는 바꿀 수 없지만, 과거의 경험을 통해 현재를 개선하고 미래를 준비할 수 있다. 과거의 경험을 교훈으로 삼아 더 나은 내일을 만들어갈 수 있다.

다른 사람들과의 비교에서 벗어나 자신만의 길을 찾아야 한다. 타인의 성공은 우리의 실패가 아니다. 각자의 삶은 서로 다른 조건과 환경 속에서 펼쳐진다. 자신의 삶을 살며 자신만의 목표와 꿈을 향해 나가야 한다. 타인의 삶과 비교하는 대신 자신의 강점과 가능성에 집중하고 자신만의 성공을 위해 노력하자. 스스로 고유한 가치와 잠재력을 인식하고 그에 맞춰 성장해야 한다. 자신의 길을 걸으며 자신만의 경험을 통해 배우고 발전하는 것이 중요하다. 다른 사람들의 성공을 축하하면서도 자신만의 여정을 소중히 여기자.

이러한 원칙을 실제 생활에 적용하는 과정에서 나 역시 개인적인 경험을 통해 많은 교훈을 얻었다. 한때 나는 동료들과 끊임없이 비교하며 그들의 성공을 보고 자신을 괴롭혔다. 그들이 이룬 것, 그들이 가진 것을 내 삶과 비교하며 스스로 재단했다. 이런 비교는 나를 불필요한 스트레스와 불안감으로 몰아넣었고 자신감과 자존감도 크게 낮아졌다.

그러나 시간이 지나면서 나는 이러한 비교가 내게 얼마나 해롭고 불필요한지를 깨닫게 되었다. 나는 남과 비교하는 데 에너지를 낭비하기보다, 내가 가진 장점과 가치에 집중하기 시작했다. 그 결과 다른 사람들의 성공이 내 시야에서 점점 사라지기 시작했다. 나의 진정한 가치와 소중함을 인식하게 되었고 나만의 길을 찾아 나가기 시작했다.

나는 과거의 실수와 실패에서 교훈을 찾아내기 시작했으며 이를 바탕으로 현재의 나를 개선하고 미래를 위한 더 나은 기반을 마련하는 데 집중했다. 나만의 목표를 설정하고 그 목표를 향해 나아갈 구체적인 계획을 세웠다. 타인의 성공을 나의 실패로 여기지 않게 되었고 각자의 삶이 서로 다른 배경과 환경에서 펼쳐진다는 것을 이해하게 되었다.

자신의 길을 걸으며 성장하자

과거에 내가 어떤 실수를 했든 그것은 이미 지나간 일이다. 과거를 바꿀 수는 없지만, 그 경험을 어떻게 받아들이고 현재와 미래를 어떻게 만들어 나가는지는 내가 선택할 수 있다는 사실을 깨달았다. 과거의 경험은 나에게 교훈과 배움을 주었고 이를 통해 현재의 삶을 더 의미 있게 만들 수 있었다. 타인의 성공이 나의 실패를 의미하지 않으며 누군가의 삶이 나보다 낫다고 해서 내 가치가 낮아지는 것도 아니라는 것을 알게 되었다. 내 삶에 집중하기로 했다. 내 이야기를 만들어 가기로 했다. 내 삶은 나만의 이야기로 가득 차 있다. 그것을 타인과 비교하는 것은 나의 가치를 무너뜨리는 것이다. 더 이상 고민도 오래 하지 않는다. 끝없는 고민은 결국 나를 현실에서 멀어지게 하고 행동을 주저하게 만든다. 나는 모든 가능성을 차분히 생각해 본 뒤 나에게 긍정적인 효과가 있는 것에는 주저하지 않고 행동하기로 했다. 인생은 타이밍의 연속이며 때로는 과감한 결정이 필요하다는 것을 깨달았기 때문이다. 더 이상 좋은 기회를 놓치지 않기 위해 적극적으로 나아가기로 했다.

　우리는 모두 다르고 각자 자신만의 재능과 가치를 가지고 있다는 사실을 받아들였다. 이제 나는 내 인생에서 내가 통제할 수 있는 문제에만 집중한다. 문제들을 좋은 방향으로 개선하기 위해 노력한다. 후회하거나 비교하지 않는다. 인생에서 직접 통제할 수 있는 문제에만 집중하고 그것들을 발전시키기 위해 노력한다. 결과에도 얽매이지 않으려 한다. 후회나 비교에 시간을 낭비하는 대신 현재에 집중하며 나아가야 한다. 자신의 경험을 통해 자신의 길을 걸으며 그 여정의 최종 목적지가 어디인지 기대하며 인생을 살아가자.

　매일의 선택과 행동이 중요하다. 매 순간을 소중히 하고, 자신의 감정과 생각에 진심으로 귀 기울여야 한다. 이것이 진정으로 충만한 삶을 끌어내는 방법이다. 우리 모두 자신의 인생 이야기를 만들어 가는 주인공이며 매 순간 최선을 다할 때 삶을 더욱 빛나게 만들 수 있다. 삶은 우리의 선택과 행동으로 결정된다. 자신이 진정으로 원하는 바를 이해하고 그에 따라 행동하는 것이 중요하다. 이렇게 자신을 이해하고 존중함으로써 우리는 날마다 더 의미 있고 기쁘게 보낼 수 있다.

《 제4장 》

더 나은 삶을 향해 나아가다

생각의 전환이
가져온 변화

"때로는 살아 있는 것조차도 용기가 될 때가 있다." - 세네카

생각의 전환은 삶의 질을 바꾸는 강력한 도구다. "생각하기에 따라 달라진다."라는 말은 단순한 긍정의 힘을 넘어 우리가 일상을 바라보는 방식을 근본적으로 변화시킬 수 있다는 것을 의미한다. 매일 아침 눈을 뜨는 순간, 나는 새로운 기회와 가능성이 가득한 하루를 시작한다는 사실에 감사함을 느낀다. 이 평범해 보이는 순간들이 사실은 삶을 변화시킬 기회를 매일 새롭게 제공한다는 것을 알게 되었다.

내가 나를 바라보는 방식을 바꾸면서 나는 이 세상에서 단 하나뿐인 대체 불가능한 존재임을 깨달았다. 나의 존재와 개성이 나를 특별하게 만든다는 사실을 받아들이며 나 자신을 하나의 걸작품으로 여기게 되었다. 사람들을 대하는 방식이 더 따뜻하고 이해심 있게 바뀌었다. 모든 이가 각자의 고유한 이야기를 지닌 소중한 존재임을 알게 되었기 때문이다.

삶은 늘 도전과 어려움으로 가득하지만, 이 모든 경험이 나만의 이야기를 만들어낸다. 기쁨과 슬픔, 성공과 실패는 모두 나를 성장시키는 데 필요한 부분들이다. 어려움 속에서도 긍정적인 면을 찾고 즐거움을 발견하는 것이 얼마나 중요한지 알게 되었다.

삶의 소소한 것들에 대해 감사함을 느끼며 살아가는 것은 내 삶의 질을 획기적으로 끌어올렸다. 건강, 가족, 친구, 그리고 내가 사랑하는 일까지, 이 모든 것들이 나의 삶을 더 행복하게 만든다. 실패와 실수 역시 성장과 배움의 기회로 받아들이며 매 순간을 긍정적으로 살아가는 힘을 얻었다.

삶의 모든 순간은 우연이 아니며 경험하는 모든 것이 나를 더 강하고 자유롭게 만든다. 내가 어떻게 생각하고 무엇을 선택하는지가 결국 내 삶의 질과 행복을 결정한다. 생각의 전환을 통해 나는 날마다 의미 있고 충실하게 살아가는 법을 배웠다.

어려움을 기회로

어려움과 도전은 삶의 필수적인 부분이며 때로는 가장 힘든 상황에서 가장 창의적이고 혁신적인 아이디어를 만들어 준다. 어린 시절의 나는 가난한 환경에서 자랐다. 우리 가족은 경제적으로 어려운 시기를 겪었고 이러한 배경은 내 삶에 깊은 영향을 미쳤다. 하지만 이 어려움은 나에게 중요한 것을 가르쳐 주었다. 현재 상황이 나의 미래를 결정짓지 않는다는 것이다. 현재의 어려움은 단지 하나의 과정일 뿐이며 내 선택과 노력이 미래를 바꿀 수 있다는 것을 알았다.

어려웠던 그 시절 나는 단순히 상황을 받아들이고 포기하는 대신 더 나은 삶을 살기 위해 노력해야 할 강한 동기부여를 받았다. "어렵기 때문에 더 잘 살아야 한다.", "성공해야 한다."는 신념은 나를 앞으로 밀어붙이는 힘이 되었다. 이 간절함은 어떤 상황에서도 포기하지 않는 태도를 갖게 해 주었고 끊임없이 나아가게 하는 원동력이 되었다.

이러한 생각의 전환은 내 인생에 있어서 큰 변화를 가져다주었다. 내가 처한 어려움을 인식하고 이를 극복하기 위한 동기로 삼았기 때문이다. 나는 어린 시절의 어려움을 나의 강점으로 전환했다. 이것은 단순히 경제적인 상황을 개선하는 것을 넘어서, 나의 인생을 주도적으로 살아가고 내 꿈을 향해 끈기 있게 노력하는 데 필요한 내면의 힘을 키워 주었다. 이 경험은 나에게 어떤 상황에서도 희망을 잃지 않고 앞으로 나아갈 수 있는 긍정적인 방법을 찾는 힘도 길러 주었다. 어려움은 나에게 새로운 아이디어를 생각하게 하고, 간절함을 불러일으켰다. 간절함은 생각의 전환을 일으키며 결국 내 삶을 변화시키는 원동력이 되었다.

어려웠던 어린 시절의 경험은 나에게 중요한 교훈을 남겼다. 어떤 환경에서도 나의 미래는 내가 선택하고 만들어 가는 것이다. 어려움은 극복할 수 있고 심지어는 나를 더욱 강하게 만드는 계기가 될 수 있다. 나는 이러한 신념을 가지고 살아가며 어떤 도전이든지 기회로 바꿀 수 있는 능력을 계속해서 발전시키고 있다. 나의 어려웠던 어린 시절의 배경은 나를 더 열심히 살게 했다. 나는 내가 원하는 삶을 만들어 가기 위해서는 평균 이상으로 노력해야 한다는 것을 알았다. 이러한 인식은 나에게 끈기와 인내를 가르쳐 주었고 사회생활을 하는 데 많은 도움을 주었다.

나의 약점은 나를 더 강하게 만들었고 나의 한계는 나를 더 도약하게 만드는 발판이 되었다. 단순히 긍정적인 생각의 전환을 넘어서 실제 행동으로 이어지는 변화였다. 나는 나의 부족한 부분을 인정하고 그것을 내 삶의 동력으로 삼았다. 이것이 바로 나의 삶을 변화시킨 힘이다.

이 과정에서 내가 배운 것은 배경이나 현재 상황에 상관없이 우리는 성장하고 발전할 수 있는 무한한 잠재력을 가지고 있다는 사실이다. 부족함은 결코 나의 한계가 아니다. 오히려 성장으로 가는 길을 열어주는 기회이다. 이제 나는 모든 도전을 성장의 기회로 받아들이며 어려움이나 부족함을 강점으로 전환하려는 시도 속에서 끊임없이 성장하려고 한다.

성장과 성공을 위한 의도적인 노력

새로운 비즈니스 기회를 발굴하거나 까다로운 고객을 만족시킬 때 나는 운동선수들이 훈련하는 방식에서 영감을 얻는다. 나는 인생의 어느 부분에서든 의도적인 연습과 노력으로만 진정한 성장이 가능하다고 믿는다. 나는 매일 새로운 지식을 습득하고 고객을 이해하려 노력한다. 어려운 상황에서도 끈기 있게 문제를 해결하려고 시도한다. 실패를 경험할 때마다 나는 그것을 개인적인 실패로 받아들이지 않는다. 더 나은 해결책을 찾기 위해 다양한 접근 방법을 찾는다. 이런 태도 덕분에 더 유연하게 생각하고 목표에 더 집중할 수 있게 되었다.

일상의 작은 성공을 축하하는 것이 얼마나 중요한지도 깨달았다. 어린아이가 작은 성취에도 칭찬받듯 비즈니스에서의 작은 승리를 크게 기뻐하며 나 자신에게 칭찬하며 격려한다. 이러한 순간들은 나에게 동기를 부여하고 긍정적인 에너지를 준다. 이런 방식으로 접근함으로써 나는 더욱 강해질 수 있다. 비즈니스뿐만 아니라 개인적인 삶에서도 의미 있는 발전을 이루고 있다. 내 생각과 태도가 현실을 만들어 내는 것이다. 긍정적인 마인드셋은 우리에게 더 큰 자신감과 꾸준함을 가져다준다.

날마다 새롭게 시작하는 마음가짐, 삶의 모든 순간에서 배우고 성장하려는 태도, 그리고 우리 자신과 타인을 소중히 여기는 마음이 우리를 성공으로 이끌 것이다. 이러한 긍정적인 생각은 의도적인 연습과 노력을 통해 형성될 수 있다. 마치 운동선수가 극한의 상황에서 최고의 성적을 이루기 위해 끊임없이 훈련하는 것처럼 우리는 부정적인 생각을 긍정적으로 바꾸기 위해 노력해야 한다. 이것은 현실을 회피하는 것이 아니라 현실 속에서 긍정적인 측면을 찾아내고 그것을 통해 성장하는 과정이다.

매 순간을
소중히 여기는 법

"경험을 현명하게 사용한다면,
어떤 일도 시간 낭비는 아니다." – 오귀스트 로댕

내 삶에서 "매 순간이 선물이다."라는 깨달음은 조금씩 내게 다가왔다. 평범한 일상과 가끔 느껴지는 지루함 속에서 이 의미를 이해하는 데는 시간이 좀 필요했다. 하지만, 내가 겪은 순간들을 통해 이 말이 단순한 문구를 넘어 삶의 깊은 진리임을 알게 되었다.

내 일상이 별것 아닌 순간들의 연속이라고 생각했었다. 그런데 어느 날, 과거에 대한 후회와 미래에 대한 걱정으로 마음이 복잡할 때 문득 깨달았다. 내가 가진 건 지금, 이 순간뿐이라는 것. 지나간 시간은 돌아오지 않고 미래는 아직 오지 않았다. 그때 나는 지금, 이 순간이 얼마나 소중하고 유일한지 알게 되었다. 명품이나 물질적인 것들만 귀중하게 여기는 것이 아니라 우리 각자의 순간도 그렇게 귀중하다는 걸 알게 됐다. 매일의 모든 순간이 돌이킬 수 없고 그 자체로 특별하다는 걸 깨닫고 나서 삶의 모든 순간을 더 깊이 존중하고 소중히 여기게 되었다.

이제 나는 매 순간을 선물처럼 여기며 살아간다. 평범한 일상에서도 행복을 찾으려고 노력한다. 이런 태도가 내 삶을 더 즐겁고 의미 있게 만들어 줬다. 매 순간을 선물로 받아들이고 감사하는 것, 이것이 바로 내가 경험을 통해 배운 교훈이다.

일상의 모든 순간은 나에게 새로운 기회를 준다. 아침에 눈을 뜨는 순간부터 일상의 대화, 업무에서의 작은 성취, 가족과 보내는 소중한 시간까지, 모든 것이 의미 있는 순간이다. 이 순간들이 내 삶의 방향을 결정한다. 그러나 바쁜 일상 속에서 이 순간들의 가치를 쉽게 잊곤 한다. 이 순간들의 가치를 인식하고 소중히 여긴다면 삶은 더욱 풍부해질 수 있다. 매 순간을 선물로 여기는 것이 삶에 대해 가져야 할 태도다. 이 태도는 매일 마주하는 순간들에 더 집중하게 해 준다.

매 순간은 새로운 경험을 주며, 우리는 그 경험을 통해 계속 배우고 성장한다. 삶의 작은 순간들도 놓치지 않고 소중히 여긴다면 우리는 더 큰 행복과 만족을 느낄 수 있다. 그래서 나는 매 순간을 선물처럼 받아들이며 살아가려고 노력한다. 이렇게 하면 매일의 일상이 더 충만해진다.

실패에서 배우는 교훈

어느 날 평범한 회의 중에 문득, 지금 이 순간이 얼마나 특별한지를 깨달았다. 일하는 동안에도 이 시간이 단순하게 업무를 처리하는 시간이 아니라 서로의 생각을 존중하고 동료들과 함께 문제를 해결해 가는 소중한 시간임을 느꼈다. 어려움과 의견 충돌이 나를 성장시키는 과정이라는 것도 생각하게 됐다. 그때부터 모든 경험을 새로운 시각으로 보기 시작했다. 성공이든 실패든, 모두 나를 발전시키는 기회로 받아들였다. 실패를 겪을 때마다 그것을 교훈으로 삼아 다음을 준비했다. 이 경험은 나에게 매 순간이 단순히 지나가는 시간이 아니라 배우고 성장할 기회라는 것을 일깨워 줬다.

그 이후로 나는 일상에서 겪는 모든 경험을 다르게 보기 시작했다. 작은 성공이든 실패든 간에 모든 것이 나를 더 나은 사람으로 만드는 과정이다. 예를 들어, 실패를 겪을 때마다 그것을 부정적으로만 보지 않고 어떻게 하면 다음에는 더 나아질 수 있을지를 생각하는 계기로 삼았다. 이렇게 매 순간을 긍정적으로 받아들이며, 나는 더 이상 작은 일에 좌절하지 않게 됐다. 일상의 모든 순간을 선물로 여기며 살아가기로 한 결정은 내 삶을 근본적으로 바꿔 놓았다. 이제는 큰 성공만을 추구하지 않고, 매일 마주하는 작은 순간들에서 행복을 찾게 됐다.

"인생은 계획대로 흘러가지 않는다." 이 말에 얼마나 공감하는지 모른다. 목표를 향해 열심히 달려가더라도, 때때로 완전히 다른 방향으로 끌려가기도 한다. 내 경험을 돌이켜 보면, 아무리 철저하게 준비하고 계획했더라도 예상치 못한 결과로 이어진 경우가 많았다. 큰 꿈과 기대를 품고 준비했던 프로젝트들이 좋지 않은 결과로 끝난 적이 한두 번이 아니다. 그러나 바로 그 실패들이 나에게 귀중한 교훈을 주었고 실패를 통해 배운 점을 보완하여 다른 프로젝트에서 더 큰 성공으로 이어지기도 했다.

준비되지 않은 상황에서의 성공은 생각보다 더 달콤했다. 이러한 경험들은 인생의 미래를 예측할 수 없다는 것을 다시 한번 일깨워 주었다. 인생에서 예상치 못한 기회가 찾아왔을 때 그것이 얼마나 큰 축복인지도 깨닫게 되었다. 그래서 나는 이제 다른 사람의 평가나 의견에 일희일비하지 않고 현재의 순간을 즐기며 그 순간에 집중한다. 오늘 중요하다고 생각되는 것이 내일은 의미가 없어질 수도 있다는 사실을 이해하며 매일을 선물처럼 여긴다. 어제 최선이라고 생각했던 선택이 내일이 되어서는 후회로 이어질 수 있지만, 그 모든 경험은 나를 성장시키는 데 도움을 준다. 비즈니스에서의 실패든, 개인적인 관계에서의 어려움이든 시간이 지나면 그 경험에서 배운 교훈이 더 큰 성공이나 행복으로 이어질 수 있다는 것을 알게 됐다.

지금, 이 순간의 가치

나는 매 순간을 소중히 여기고 그 순간에서 배울 수 있는 것을 찾으며 즐기기로 했다. 감사할 거리를 찾고 타인에게 친절을 베풀며 삶의 도전과 어려움을 성장의 기회로 바라보는 것이 나의 삶을 긍정적으로 변화시켰다. 매 순간을 선물로 여기며 살아가는 것, 이것이 내가 경험한 바로 "매 순간이 선물이다."라는 말의 진정한 의미다.

미래가 어떻게 펼쳐질지 아무도 예측할 수 없다. 지나간 순간은 다시 오지 않는다는 사실을 인정하는 것은 현재의 순간을 의미 있게 만들려는 동기를 부여한다. 매일 마주하는 도전과 기회를 통해 나는 조금씩 조금씩 성장한다. 삶의 매 순간을 소중히 여기며 살아가려고 노력하면 더 큰 행복과 성취를 발견할 수 있다.

불확실한 미래를 두려워하지 않고 현재를 충실히 살아가는 것, 그것이 바로 내가 찾은 삶의 작은 지혜이다. 이런 태도 덕분에 나는 이전보다 행복하고 충만한 삶을 살아가고 있다. 이제는 하루하루가 선물 같아서 매 순간을 조심하고 겸손하게 그리고 감사하는 마음으로 살아가고 있다. 내가 겪은 모든 것을 통해 매 순간을 선물로 여기고 그 순간에서 배울 수 있는 것을 찾아내며 즐기는 것이 얼마나 중요한지를 알게 되었다. 이것이 내가 나누고 싶은 삶의 작은 교훈이다.

3

작은 만족에서
큰 기쁨 찾기

"지속적인 긍정적 사고는 능력을 배가시킨다." - 콜린 파월

삶의 진정한 기쁨은 정말로 작은 것들에서 찾을 수 있다는 걸 나는 경험을 통해 배웠다. 새벽에 일어나 첫 숨을 쉬며 느끼는 고요함, 가족의 조용한 숨소리, 아침에 샤워기에서 나오는 따뜻한 물줄기, 출근길 사람들 사이에서 느껴지는 따뜻함, 건강한 몸으로 하루를 시작하는 감사함, 작아도 편히 쉴 수 있는 나만의 공간에서의 휴식, 간단한 식사에서 느껴지는 만족감, 신선한 공기를 마시며 산책하는 소소한 행복, 그리고 가족이나 친구들과 나누는 따스한 대화까지. 이 모든 순간이 나에게는 특별하게 다가온다.

이런 작은 순간들을 진심으로 소중히 여기기 시작하면서 나의 삶은 변화하기 시작했다. 매일 마주치는 사소한 것들에 대해 감사함을 느끼며 나는 삶의 소박한 순간들에서 찾은 기쁨이 실제로 큰 변화를 가져다준다는 것을

깨달았다. 이 작은 순간들에 주의를 기울이고 감사할 때마다 나는 삶이 주는 작은 선물들을 발견하게 되었다. 이것들이 모여 나의 하루를 더욱 특별하게 만들어 주었다.

소소한 만족을 통해 삶의 진정한 아름다움과 기쁨을 발견하는 것은 나에게 새로운 감격을 주었다. 일상의 작은 것들에서 큰 기쁨을 찾을 수 있는 눈을 열어 주었다.

작은 친절과 배려가 큰 차이를 만들 수 있는지 직접 시도해 본 적이 있다. 아침에 이웃에게 먼저 인사하거나, 경비 아저씨에게 따뜻한 미소를 짓는 것, 운전 중에 양보하는 것, 동료에게 격려의 말을 건네는 작은 순간들이다. 실제 이런 시도는 나의 일상을 더 풍성하고 행복하게 만들었다. 처음엔 사소해 보일 수 있는 작은 행동들이지만 주변 사람들뿐만 아니라 나 자신에게도 긍정적인 에너지를 가득 채워 주는 힘이 있다는 것을 알게 되었다.

또한 잠자리에 들기 전 하루를 되돌아보며 감사할 수 있는 순간들을 찾는 습관을 들였다. 처음에는 특별히 떠오르는 것이 없는 때도 있었지만 조금만 생각해 보니 일상 속 사소한 것들에서도 감사할 점을 발견할 수 있었다. 이런 습관은 나의 일상에 긍정적인 변화를 가져다주었고 작은 것들에서 큰 기쁨을 찾는 법을 나에게 가르쳐 주었다.

작은 친절과 감사의 습관은 나의 삶을 더욱 만족스럽게 만들었다. 타인에 대한 작은 배려와 친절이 우리 모두 행복하고 조화로운 공동체에서 살수 있게 해 주는 중요한 역할을 한다는 것을 실감했다.

이전에는 과거의 후회와 미래의 걱정에 사로잡혀 일상의 작은 기쁨을 찾기 어려웠다. 하지만 삶의 작은 부분들에 집중하려고 의식적으로 노력하면서, 작은 일에서 큰 기쁨을 발견하게 되었다. 바쁜 일상에서도 잠시 멈춰 산책을 잠깐 한다든지, 공원에서 햇살을 느끼거나, 친구와의 짧은 대화에서 진정한 연결감을 체험하는 순간들이 그랬다. 이런 순간들은 내 삶을 더욱 풍부하고 활력 있게 만들어 주었다.

삶의 도전과 어려움 속에서도 작은 기쁨을 찾으려 노력하면서 내 인생에서도 변화가 일어나기 시작했다. 이를 통해 나는 매 순간을 더 의미 있게 만들 수 있었으며 삶의 어려움 속에서도 긍정적인 면을 찾아낼 수 있었다.

삶의 도전과 어려움 속에서도 작은 기쁨을 찾는 것이 중요하다. 예를 들어, 힘든 프로젝트나 목표했던 일을 마쳤을 때 느끼는 성취감은 그동안의 노력과 인내가 보상받는 순간이다. 오랜 시간 집중하며 문제를 해결하려고 애썼던 과정들이 떠오르면서 마침내 목표를 달성했을 때의 기쁨은 이루 말할 수 없다.

어려운 문제를 해결했을 때의 뿌듯함 역시 큰 힘이 된다. 처음에는 막막

초긍정 마인드셋

하고 답이 보이지 않던 문제를 분석하고 여러 시도 끝에 해결책을 찾았을 때 느끼는 만족감은 우리의 자신감을 크게 높여 준다. 이 과정에서 배우는 새로운 지식은 우리를 성장하게 한다.

목표를 향해 꾸준히 노력하는 과정에서도 만족감을 느낄 수 있다. 작은 일들이 하나하나가 쌓여 결국 큰 성과로 이어질 때의 기쁨은 무엇과도 비교할 수 없다. 매일의 작은 성취들이 모여 나를 더 나은 사람으로 만들어 간다는 느낌은 큰 동기부여가 된다.

이러한 경험들은 우리의 자존감을 높여주고 앞으로의 도전에도 긍정적인 태도로 임할 수 있게 해 준다. 어려움 속에서도 작은 기쁨을 찾고 그 기쁨을 통해 의미를 발견하는 것이 중요하다. 이렇게 작은 성취와 만족감을 소중히 여기면 우리는 조금씩 앞으로 나아갈 수 있다. 삶의 어려움과 도전을 직접 겪으면서 나는 이 장애물들이 실제로 나를 한 단계 더 성장시킨다는 것을 알았다. 실패하는 순간에는 늘 처음엔 큰 실망이 따라왔다. 하지만 그 과정에서 얻은 교훈은 나를 더 나은 사람으로 만들어 준다.

작은 성공의 힘

작은 성공을 인정하고 축하하는 습관을 들이기 시작했다. 작은 목표를 달성할 때마다 짧게 기록도 하고 있다. 이는 나에게 작은 성공들이 모여 큰 성취로 이어진다는 것을 느끼게 해 주었으며 매일 조금씩 나아가고 있다는 것을 인식하게 했다. 이러한 작은 변화들이 결국 큰 변화로 이어진다는 사실을 실감하게 되었다.

작은 성공들이 결국 큰 결과로 이어진다는 것을 깨닫게 되었다. 매일의 작은 변화가 쌓여 나의 삶을 긍정적으로 발전시키는 과정을 이해하게 되었다. 목표의 대부분이 너무 높게 설정되어 있기 때문에 그에 못 미치는 결과가 나오는 것은 당연하다. 하지만 많은 사람은 이러한 결과를 받아들이지 않는다. 자신을 인정하지 않으며 가혹하게 대한다.

우리는 작은 성공과 행동 자체를 인정하고 칭찬함으로써 일상의 순간들에서도 큰 기쁨과 만족을 찾을 수 있다. 성공과 발전은 작은 점들이 모여 선을 이루는 과정이다. 이 작은 점들이 모여 결국 눈에 띄는 결과로 이어진다. 성공한 많은 사람은 매일의 작은 행동들이 시간이 쌓이고 꾸준히 지속될 때, 그것이 큰 폭발력을 가진다는 것을 보여주었다. 마찬가지로 우리가 하는 작은 행동들이 매일 0.1m씩의 변화를 만들어내고 있다는 사실을 기억하자. 이 변화는 눈에 띄지 않을 수 있지만, 이는 앞으로 나아가지 않는 것이 아니다. 이미 변화가 시작된 것이다. 0.1m의 변화들이 쌓여 결국 큰 변화로 이어질 것이다. 작은 단계의 변화가 삶을 긍정적으로 발전시킬 것이다.

자신에게 조금은 관대해지고 작은 성취에 기뻐할 때 우리는 지치지 않고

초긍정 마인드셋

나아갈 수 있다. 이러한 태도가 삶 전체를 풍요롭고 여유 있게 만들어 준다. 결국, 작은 변화와 성취가 모여 큰 성공으로 이어지는 과정을 꾸준히 믿고 따를 때 우리는 우리의 목표를 실현할 수 있다.

4

술과 이별하고
새로운 나를 만나다

4

"인내할 수 있는 사람은 그가 바라는 것은
무엇이든지 손에 넣을 수 있다." – 벤자민 프랭클린

직장 생활 10년 차에 접어들었을 때의 이야기다. 나는 사회생활을 시작하면서 술을 즐겨 마셨다. 술은 내 삶에서 떼려야 뗄 수 없는 부분이었고 삶의 유일한 낙이었다. 술자리는 사회생활의 관계를 강화하고 일상의 스트레스를 해소하는 수단이었다. 그러나 시간이 흐르면서 술을 마신 다음 날의 후회와 부정적인 감정들이 점점 쌓이기 시작했다. 모든 술자리가 그런 것은 아니었지만, 술자리에서의 작은 실수들이 점차 내 마음속에 무거운 짐으로 남았다. 굳이 할 필요 없는 말들을 했다거나 단순한 농담이 안 좋은 감정으로 남는 경우가 많아졌다. 술로 인해 큰 문제는 발생하지 않았지만, 큰일이 일어날 뻔한 상황은 여러 번 있었다.

예를 들면, 술자리에서 술기운에 휩쓸려 무심코 뱉은 말들이 다음 날 직

4

164

4 초긍정 마인드셋

장 동료들과의 관계에 미묘한 긴장을 만들곤 했다. 내가 한 말이 누군가에게 상처가 되지 않았을까, 장난이 지나치지 않았을까 하는 걱정이 내 마음을 불편하게 했다. 필름이 끊긴 날에는 어제의 술자리가 어떻게 끝났는지, 모두가 무사히 집에 돌아갔는지를 걱정하며 불안해했다. 그 불안과 걱정으로 일하는 데 집중하기 어려운 날도 많았다.

내 일상에 집중하는 데 어려움을 만들었고 일상의 문제도 많이 생기게 했다. 술에 취해 차 안에서 잠이 들거나, 가족과의 약속을 지키지 못하거나, 스스로 해야겠다고 생각한 일들을 미루는 일이 많아졌다. 사소한 일들이 일상에 깊은 영향을 미쳤다. 또한 술을 마시는 것에 대한 가족의 걱정도 점점 커졌고 나 자신도 무책임한 내 모습에 자책감과 자괴감을 느꼈다.

연속되는 사건과 감정들은 나에게 술을 끊어야겠다는 생각을 수도 없이 하게 만들었다. 그러나 영업사원으로서의 업무 특성상 술자리는 거의 불가피했다. 술자리는 비즈니스와 네트워킹의 중요한 부분이었다. 술을 끊는 것은 마치 사회생활 자체를 포기하는 것처럼 느껴졌다.

나는 이런 핑계로 술자리를 계속 즐겼다. 비록 마음 한편으로는 술로 인한 문제들을 늘 걱정했지만, 술자리가 가져다주는 일시적인 즐거움과 업무상의 이익을 포기할 수 없었다. 이러한 딜레마 속에서 나는 계속해서 술과 함께하는 삶을 살았다. 그러나 술자리의 즐거움 뒤에 숨겨진 걱정과 부담은 점점 더 커져만 갔다. 이는 결국 나에게 더 큰 변화를 고민하게 만드는 계기가 되었다.

금주 결심과 새로운 삶의 시작

시간이 흘러가면서 술자리의 즐거움이 주는 일시적인 만족감과 사회적, 업무상의 이익도 점차 나에게 부담으로 다가왔다. 술로 인한 부정적인 영향이 나의 일상과 정신 건강, 그리고 가족 관계에 적신호를 켰다. 술을 마시고 난 다음 날의 불안감과 후회 그리고 몸과 마음의 피로는 날이 갈수록 더욱 가중되었다. 이러한 상황 속에서 나는 스스로 질문했다. 이대로 계속 술과 함께하는 삶을 살아가는 것이 정말로 나에게 더 좋은 삶인가? 술자리가 가져다주는 잠시의 즐거움이 실제로 나의 삶에 여유와 행복을 주는 것인가? 이 질문들은 나에게 깊은 고민을 안겨 주었다.

그러던 어느 날 숙취로 가득 찬 고통스러운 하루를 보내며 나는 술이 내 삶에 미치는 부정적인 영향을 더욱 절실히 깨닫게 되었다. 술로 인해 나의 계획과 꿈 그리고 스스로 약속했던 일들이 계속해서 미뤄지고 있었다. 나의 열정과 의지가 술 한 잔으로 쉽게 흔들리고 그로 인해 매번 원점으로 돌아간다는 것을 깨달았다. 술이 내 삶의 방향성을 흐트러뜨리고 내가 진정으로 원하는 것들을 달성하는 데 걸림돌이 되고 있었다. 술이 가져다주는 일시적인 즐거움과 탈출구는 결국 나의 잠재력과 가능성을 가로막는 장애

초긍정 마인드셋

물이었다. 그날을 계기로 나는 다짐했다. 더 이상 술로 인해 내 삶이 흔들리고 내 꿈과 약속이 미뤄지는 일은 없을 것이라고. 그리고 그 순간부터 술을 마시지 않겠다고 결심했다.

술을 끊으니 행복이 찾아왔다

금주를 결심한 후 나는 완전히 새로운 삶을 경험했다. 술 대신 차분한 마음으로 혼자만의 시간을 갖기 시작했다. 이 시간 동안 나는 정신이 선명해짐을 느끼며 술을 마실 때보다 훨씬 더 큰 만족감을 얻었다. 이러한 변화는 나에게 술이 아닌 다른 방법으로도 행복과 만족을 찾을 수 있다는 새로운 인식을 가져다주었다.

금주로 얻은 신체적, 정신적 건강의 변화는 매우 놀라웠다. 술을 끊은 후 나는 더 이상 숙취로 고생하지 않게 되었고, 내 체력과 면역력은 눈에 띄게 좋아졌다. 피부도 더 맑고 밝아졌고 체중도 균형 잡힌 상태를 유지할 수 있었다. 더 이상 술로 인한 우울감이나 불안감, 걱정에도 시달리지 않게 되었다. 마음이 훨씬 더 안정되고 집중력이 높아지면서 나는 일에 더욱 몰두할 수 있게 되었다. 술자리에서의 숙취로 인해 다음 날 거의 일을 하지 못하던 때와는 달리 이제는 매일 업무에 집중하며 에너지를 쏟을 수 있게 되었다. 일의 능률이 올라가니 일도 재미있어졌다.

금주는 대인 관계의 문제들도 개선해 주었다. 술자리에서 발생하던 오해나 갈등이 사라졌다. 가족과 더 깊은 관계를 맺을 수 있게 되었다. 술로 인해 흐려졌던 판단력이 명확해지면서 더 책임감 있는 결정을 내리고 행동할 수 있게 되었다. 이 모든 변화는 내가 금주를 통해 얻은 긍정적인 결과들이다. 술을 끊음으로써 나는 더 나은 삶을 살 수 있었다. 그로 인해 더 큰 만족과 행복을 느끼게 되었다.

술을 마시지 않아 없던 시간이 자동으로 만들어졌다. 퇴근 후 그다음 날 새벽 그리고 아침에도 하루를 온전히 컨트롤할 수 있게 되어 시간이 많아졌다. 그 시간을 나의 새로운 취미와 평소 관심이 있었던 것들로 채우기 시작했다. 새로운 취미와 관심사를 찾는 것도 나에게 큰 즐거움을 가져다주었다. 책을 읽고 운동하며 자기 계발에 시간을 투자하는 것이 술자리에서의 즐거움을 대체해 주었다.

특히 금주로 인해 눈에 띄는 변화 중 하나는 시간과 돈의 절약이었다. 술자리에 들어가던 비용과 시간이 절약되면서 나는 그 돈과 시간을 훨씬 더 가치 있는 다른 활동들에 사용할 수 있게 되었다. 술자리에 썼던 비용으로 책을 사거나, 취미 활동에 투자하거나, 가족과의 여행을 계획하는 등의 방법으로 돈과 시간을 활용했다. 더 이상 술자리에 시간을 낭비하지 않게 되었다. 나는 정말로 하고 싶은 일들과 나를 성장시키는 활동들에 더 많은 시간을 쓸 수 있게 되었다.

금주는 정말 나의 일상에 커다란 변화를 가져다주었다. 마음에 여유가 생기고 삶의 질이 향상되었다. 생산적이고 의미 있는 일들에 집중할 수 있게 되었다. 이런 변화들은 나에게 삶에서 진정으로 중요한 것이 무엇인지 생각하게 했다. 술자리에서 잠깐의 즐거움보다 건강한 취미를 즐기고 가족과 함께하는 시간을 보내는 것이 훨씬 만족스럽고 가치 있는 일이라는 것을 알았다.

이제는 술에 의존하지 않고도 만족과 기쁨을 찾을 수 있다. 내 삶의 변화는 나뿐만 아니라 주변 사람들에게도 긍정적인 영향을 미쳤다. 나는 더 건강하고 행복한 모습으로 가족과 주변 사람들 앞에 당당히 설 수 있고 관계도 돈독해졌다. 이 모든 경험은 나에게 진정한 삶의 행복과 만족을 찾게 해주었다. 앞으로도 금주를 통해 더 나은 삶을 이어가고자 하는 의지를 굳게 다지게 되었다.

나의 이야기가 술을 끊고자 하는 사람들에게 도움이 되기를 바란다. 그들이 술 없이도 행복하고 만족스러운 삶을 살 수 있도록 이 글이 그들에게 새로운 영감을 주기를 소망한다.

5

불안과 걱정은
도전의 신호

5

"위대한 업적은 대개 커다란 위험을 감수한 결과이다." – 헤로도토스

불안과 걱정은 우리가 흔히 경험하는 감정이다. 이 감정들은 단순히 부정적인 반응으로만 여기기 쉽지만, 사실 그 안에는 중요한 메시지가 담겨있다. 불안과 걱정은 현재 상황에 만족하지 못하고 있거나 이루고자 하는 갈망이 있다는 신호일 수 있다. 이것은 나에게 무엇인가를 바꾸거나 행동해야 한다는 내면의 목소리다.

이 감정들을 느낄 때 나는 더 나은 변화를 이루기 위한 동기를 부여받는다. 예를 들어, 직장에서 승진을 원하면서 불안과 걱정을 느낀다면 더 높은 노력이 필요하다는 신호일 수 있다. 또한 직장을 옮기는 것을 고민해 볼 시기일 수도 있다. 가족과 더 많은 시간을 보내고 싶다는 걱정이 있다면 생활방식을 바꾸거나 일과 삶의 균형을 재조정해야 할 때다. 건강에 대한 불안을 느낀다면 더 건강한 생활 방식을 추구하라는 신호다. 재정적 걱정이 있

5

170 초긍정 마인드셋

다면 수입을 재검토하거나 저축 계획을 세워야 한다는 의미일 수 있다. 불안과 걱정은 단순히 부정적인 감정이 아니라, 우리의 삶에서 개선이 필요한 부분을 알려주는 중요한 신호다.

이 감정들을 긍정적인 변화를 위한 도구로 활용하는 것이 중요하다. 불안과 걱정을 무시하거나 억제하기보다는 그 원인을 찾아 삶에서 무엇이 부족한지, 무엇을 개선해야 하는지를 통찰하는 기회로 삼아야 한다. 이 과정에서 나의 우선순위와 가치관을 재정립하고 더 의미 있는 삶을 위한 결정을 내릴 수 있다. 예를 들어, 건강에 대한 불안을 느낀다면 더 건강한 생활방식을 추구하고, 재정적 걱정이 있다면 지출 부분을 재검토하거나 저축계획을 세워야 한다. 추가 수입을 창출하기 위해 새로운 기술을 배우거나 부업을 시작하는 것도 고려해 볼 수 있다.

불안과 걱정은 우리의 잠재력을 깨우는 역할도 한다. 이 감정들은 나의 한계를 뛰어넘어 새로운 도전을 시도하게 만든다. 불안감이 드는 상황에서 용기를 내어 한 걸음 나아가면 그 과정에서 성장하고 발전할 수 있다. 새로운 기술을 배우거나, 낯선 환경에 적응하거나, 새로운 관계를 형성하는 것 등이 그 예가 될 수 있다. 이러한 감정이 들 때는 우리가 성장할 준비가 되었다는 신호이기도 하다.

결국 불안과 걱정을 긍정적으로 해석하고 행동으로 옮길 때 우리는 자신의 삶을 더 나은 방향으로 이끌 수 있다. 불안과 걱정을 무시하거나 억제하기보다는 이 감정들을 인정하고 그 원인을 찾으려는 노력을 통해 삶의 질을 향상할 수 있다. 이를 통해 우리는 매 순간의 도전을 기회로 삼아 더 나은 자신을 만들어갈 수 있다.

두려움을 성장의 발판으로

새로운 업계로 이직한 지 불과 2개월 만에 나는 과감하게 외부 행사를 기획하고 발표회를 진행하기로 했다. 이 행사는 새로운 고객 유입과 매출 증대의 기회가 될 것이라는 나의 분석과 전 회사에서의 경험을 바탕으로 한 결정이었다. 나는 이러한 행사가 많은 고객을 만나고 영업을 더욱 수월하게 할 수 있는 효과적인 방법이라고 확신하고 있었다. 하지만 그와 동시에, 새로운 업계와 회사 제품과 시스템에 대한 충분한 이해가 부족했던 나는 이 결정이 가져올 불확실성에 대해 크게 불안해하며 밤잠을 이루지 못했다.

매일 밤 나는 "왜 이런 행사를 기획했을까?"라고 자문하며 두려움과 걱정에 사로잡혔다. 만약 시간을 되돌릴 수 있다면 나는 아마도 행사를 몇 달 뒤로 연기했을 것이다. 그러나 이미 회사에서는 계획이 승인되었고 나는 그 일의 주최자로서 책임을 져야 했다. 불안, 두려움, 후회의 감정이 나를 지배했다. 하지만 시간은 무정하게 흘러 점점 다가오는 행사 날짜와 새롭게 등록하는 참석자들의 명단을 보며, 나는 더 이상 머뭇거릴 여유가 없음을 깨달았다. 그때의 나는 중요한 결심을 했다. 이 두려움을 단순한 장애물로 보지 않고 성장을 위해 극복해야 할 도전으로 받아들이기로 한 것이다. 스스로를 다독이면서 다른 모든 전문가도 비슷한 과정을 거치며 그들의 위치에 도달했음을 알게 되었다.

그러던 어느 날 미국의 유명한 백만장자이자 동기부여 강연가인 그랜트 카돈의 『10배의 법칙』이라는 책을 접하게 되었다. 이 책을 통해 나는 이 기회가 단순히 두려움의 원인이 아니라 배우고 성장할 수 있는 소중한 순간임을 깨달았다. 그래서 나는 모든 시간과 노력을 이 행사 준비에 전념하기로 했다. 평일이든 주말이든 시간을 가리지 않고 발표 준비에 몰두했다. 내 목표는 단순한 발표의 성공을 넘어서, 이 행사를 통해 새로운 고객을 발굴하고 나의 업계에 대한 지식과 이해를 넓히는 것이었다.

그 결과 그 행사는 예상을 뛰어넘는 성공을 거두었다. 300명 이상의 고객이 등록하는 놀라운 성과를 달성했고 행사는 성공적으로 진행되었다. 나중에 녹화된 영상을 돌아보며 나는 내가 준비했던 것 이상으로 자신감 있고 유창하게 발표를 진행한 것을 확인할 수 있었다. 이는 내게 커다란 배움을 주었다. 두려움과 걱정이 단순한 장애가 아니라 실제로는 내 성장을 가속하는 원동력이었다는 것을 깨달았다.

이 경험 덕분에 나는 업계와 회사 시스템에 대해 빠르게 이해하게 되었고 새로운 직장에서 자신감도 얻게 되었다. 새로운 고객들과의 만남은 나에게 신규 영업의 기회를 제공했다. 또한 이 행사는 회사 내 위치를 확고히 하는 데도 기여했다. 업계의 많은 사람이 참석하였고 회사 대표님도 이 행사를 긍정적으로 평가했다. 이직 후 불안정했던 나의 위치는 이 계기를 통해 서서히 안정되었다.

이러한 경험은 두려움과 걱정이 어떻게 긍정적인 변화와 성장의 촉매제가 될 수 있는지를 명확히 보여주었다. 이를 통해 나는 새로운 도전과 기회에 맞닥뜨렸을 때 두려움을 피하기보다는 그것을 극복하는 방법을 찾아야 함을 배웠다. 이 경험은 나에게 더 큰 성공을 위한 길을 열어 주었다. 앞으로의 도전에 대해 자신감을 가지고 접근할 수 있는 기반이 된 것이다.

그랜트 카돈의 『10배의 법칙』에서 강조하는 바와 같이 두려움은 우리가 더 큰 성공을 향해 나아갈 수 있는 신호로 작용할 수 있다. 두려움을 마주하고 그것을 극복하는 과정에서 내 안에 숨겨진 잠재력을 발견하고 목표한 것을 성취할 수 있다. 새로운 도전에 직면할 때 두려움을 느끼는 것은 자연스러운 반응이지만, 이러한 감정은 자신이 성장하고 발전하는 데 있어 필수적인 기회를 준다. 따라서 두려움과 걱정의 부재는 현재 상태에 안주하고 있다는 신호일 수 있다. 두려움은 피해야 할 대상이 아니다. 오히려 우리 삶에서 적극적으로 활용해야 한다. 두려움을 마주하고 극복하는 과정에서 우리는 더 강해지고 더 자신감 있는 사람이 될 수 있다. 그러므로 두려움을 멀리하지 말고 그것을 통해 더 나은 자신을 만들어 나가자.

6

주는 사람이
되기

> "중요한 것은 사랑을 받는 것이 아니라 사랑을 하는 것이었다."
> – 윌리엄 서머셋 모옴

내 삶을 돌이켜 보면 "뺏는 사람"과 "주는 사람"이라는 두 극단적인 유형이 나의 대인 관계, 업무 태도, 그리고 삶의 방식에 어떻게 영향을 미쳤는지 알 수 있다.

먼저 "뺏는 사람"은 자신의 이익을 위해 다른 사람의 시간, 에너지, 심지어 감정까지도 이용하려는 경향이 있다. 이들은 대체로 자신의 필요와 욕구를 우선시하며 타인의 필요나 감정은 뒤로한다. 직장에서, 관계에서, 또는 사회적 상황에서 이기적이고 경쟁적인 행동을 보이며, 때로는 다른 사람을 이용해 자신의 목적을 달성하는 데 주저하지 않는다. 이러한 행동은 단기적으로는 성과를 낼 수 있지만 장기적으로는 사람들 사이의 신뢰를 해치고 협력적인 관계 구축을 방해하는 결과를 가져온다.

나의 경험을 보면, 이전 직장에서 근무할 때 "뺏는 사람"과 함께 일한 적이 있었다. 이 사람은 자신의 성공을 위해 다른 사람들의 아이디어를 자기 것처럼 내세우고, 다른 사람의 성과를 늘 개인적인 성취로 돌리려 했다. 처음에는 그의 능력적인 부분도 인정받아야 한다고 생각했지만, 시간이 지나면서 그의 행동이 팀 내 협력과 신뢰를 크게 해치고 있음을 깨달았다. 특히 그가 다른 동료의 아이디어를 자신의 것이라고 주장했을 때, 팀 내 신뢰가 크게 손상되었고 같이 일을 하기가 싫어지기까지 했다.

이 사건 이후, 팀원들 사이의 의사소통이 줄어들고 협력보다는 개인적인 성취를 추구하는 분위기가 강해졌다. 업무의 진행 속도는 늦어졌고, 결과적으로 전체 팀의 성과에 부정적인 영향을 미치게 되었다.

이러한 경험을 통해 한 팀원의 행동이 단순히 개인 간의 관계에만 영향을 미치는 것이 아니라 조직 전체의 문화와 성과에까지 영향을 미칠 수 있음을 직접 보고 배울 수 있었다. 이기적인 행동은 신뢰를 파괴하고 집단 내에서의 긴장과 갈등을 만든다. 조직 내부의 협력적인 문화를 망치고, 팀의 전반적인 생산성과 효율성을 저하한다.

남을 돕는 것이 가져오는 긍정적 변화

반면 "주는 사람"이라는 유형은 주변에 긍정적인 에너지를 퍼뜨리고 타인의 행복을 자기 행복의 일부로 여기는 특별한 사람들이다. 그들의 존재는 따뜻하다. 그들이 있는 곳마다 밝고 긍정적인 분위기가 형성된다. 나의 경험에서도 "주는 사람"들과의 만남은 매우 소중하고 기억에 남는다.

새로운 직장으로 이직한 후 적응 과정에서 겪은 압박감은 상당했다. 인수인계도 충분히 이루어지지 않았고 준비되어야 할 자료들도 부족한 상태였다. 세미나 발표 준비와 진행해야 할 일들이 산더미처럼 쌓여 있었다. 그런 와중에 한 팀원이 나에게 다가와 자신의 시간을 아끼지 않고 도움을 주었다. 이 동료는 문제 해결을 위해 함께 고민하고 항상 긍정적인 말로 나를 격려하며 어려움을 극복하고 해야 할 일들을 잘 처리할 수 있도록 도와주었다.

이 경험은 "주는 사람"을 직접 체험한 소중한 경험이었다. 그들은 단순히 도움을 제공하는 것을 넘어서 타인의 성공과 행복을 진심으로 기뻐한다. 모두가 함께 성장하고 발전할 수 있는 환경을 만든다. 팀 내에서는 협력과 상호 존중의 문화를 발전시키며 이는 조직 전체의 성과 향상에도 도움을 준다.

개인적인 관계에서도 "주는 사람"들은 중요한 역할을 한다. 그들은 친구나 가족이 어려움을 겪을 때 지원과 격려를 아끼지 않는다. 그 과정에서 긍정적인 변화를 끌어내고 자신감을 회복하도록 도와준다. 그래서 이러한 사람들 주변에는 항상 긍정적이고 지지적인 사람들이 모이게 되는 것이다. 주위에 이런 사람들로 인해 나도 더 나은 사람이 되고자 하는 마음이 생겼다.

초긍정 마인드셋

애덤 그랜트의 저서 『기브 앤 테이크』에서 읽은 내용을 공감하게 되었다. 저자는 이 책에서 "주는 사람"이 어떻게 장기적으로 개인적, 직업적 성공을 이루는지에 대해 심도 있게 탐구한다. 저자에 따르면 세상은 크게 "Giver", "Taker", 그리고 "Matcher" 세 가지 유형으로 나뉜다고 한다. Giver는 타인을 돕고 기여하는 데 집중하고 협력과 신뢰를 중요시하는 사람이다. Taker는 자신의 이익만 추구하며 경쟁과 승리를 중요시하는 사람이다. Matcher는 주고받는 균형을 유지하며 상황에 따라 유연하게 행동하는 사람이다. 대부분 사람이 Matcher 유형에 속하며 주고받는 관계의 균형을 중요시하고 자신이 받은 만큼 돌려줘야 성공할 수 있다고 믿는다.

그러나 일반적인 통념과 달리, 저자는 Giver가 장기적으로 가장 성공적인 유형이라고 주장한다. 타인의 이익을 자신의 이익보다 우선시하는 이러한 Giver의 행위는 결국 더 넓은 네트워크를 형성하고 더 깊은 신뢰와 협력을 바탕으로 한 성공을 가져온다고 말한다. 그는 주는 사람이 단기적으로는 손해를 볼 수 있지만, 장기적으로는 이러한 관계 중심의 접근 방식이 더 큰 성공으로 이어진다는 여러 사례를 책에서 제시한다.

애덤 그랜트의 말을 되새기며 이전 직장의 "주는 사람(Giver)"의 유형을 떠올려 보았다. 그 사람은 언제나 회사 내에서 인기가 있고 누구나 좋아하는 존재였다. 사람들은 그의 친절하고 협조적인 태도 덕분에 그와 함께 일하고 싶어 했다. 조직에서도 그가 빠르게 진급하는 모습도 볼 수 있었다. 처음에는 그가 자신의 시간을 할애하여 다른 이들을 도와주는 것이 업무 진행에 더디게 작용하는 것이 아닌가 생각했지만, 전혀 아니었다. 오히려 그는 주는 것에서 더 많이 성장하고 얻는 것이 많아 보였다.

누군가에게 기꺼이 도움을 주고 지식을 공유할 때 이러한 행위가 자신에게도 큰 성장과 배움의 기회가 된다는 것을 살면서 느낀 적이 있을 것이다. 실제로 내가 잘 이해하지 못하는 부분을 남에게 설명하려 할 때 그 과정에서 더 많이 배우고 성장하게 되는 것처럼 말이다. 이는 "주는 사람(Giver)"의 태도가 단순히 도덕적 가치를 넘어서 개인의 성장에 직접적인 영향을 미친다는 것을 보여 준다.

"주는 사람"이 되는 것은 단기적인 희생을 요구할 수도 있지만, 장기적으로는 이러한 행위가 나에게 더 큰 이익과 성취를 가져다준다는 것을 깨달았다. 나의 업무 환경 내에서뿐만 아니라 인생에서도 타인과의 관계를 어떻게 구축하고 유지해야 하는지에 대한 통찰력을 주었다. 타인에게 도움을 주고 협력하는 태도는 단순히 도덕적일 뿐만 아니라 개인의 성장과 성공에 중요한 역할을 한다. 이러한 깨달음을 통해 나는 '주는 사람'으로서의 삶의 방식을 더 깊이 이해하고 이를 통해 더 많은 성취와 만족을 경험할 수 있었다. 인생에서 가장 큰 성취는 다른 사람과 함께할 때 더 크게 느껴진다는 사실을 다시 한번 깨닫게 되었다.

　결국 남을 돕고 남에게 주는 것에서 오는 성장과 성공은 긍정적인 변화를 만들어 가는 데 중요한 역할을 한다. 이는 더 나은 사람이 되기 위해 꼭 필요한 태도이다. 단순히 타인에게 도움을 주는 것을 넘어서 나 자신의 삶에 긍정적인 변화를 불러온다. 뺏는 사람과 주는 사람, 당신은 무엇을 선택할 것인가? 주는 사람의 행동은 자신의 삶뿐만 아니라 주변 사람들의 삶에도 긍정적인 변화를 불러오며, 이는 궁극적으로 모두에게 더 나은 세상을 만들어 준다.

7

일희일비하지
않는 삶

"행복하게 여행하려면 가볍게 여행해야 한다." – 생텍쥐페리

일상에서 일어나는 사건들로 인해 감정이 오르락내리락하는 것은 당연한 일이다. 때로는 이러한 일들이 나에게 기쁨과 성취감을 주기도 하고 때로는 실망과 슬픔을 안겨 주기도 한다. 그러나 중요한 것은 감정의 롤러코스터에 휘말리지 않고 균형 잡힌 마음을 유지하는 것이다. 최근 더욱 느끼게 되는 것은 특정 사건이 나의 삶에 미치는 실질적인 영향은 내가 처음 예상했던 것만큼 크지 않다는 점이다. 이것이 일상에서 일어나는 모든 일에 대해 과도하게 반응하지 않아야 하는 이유이다.

때로는 초기에 성공적이고 타인의 부러움을 사는 일들이 결국 문제를 야기하기도 한다. 부동산 시장이 호황을 누리던 때 나는 대출을 통해 아파트 하나를 추가로 매수했다. 그때는 이 결정이 현명한 투자처럼 보였다. 그러

나 시간이 흐르며 부동산 시장이 예상과 달리 악화하면서 상황은 전혀 달라졌다. 처음에는 가격 대비 좋은 투자라고 생각했지만, 현재의 시장 상황에서는 더 나은 기회를 놓쳤다는 아쉬움과 후회가 든다.

이 경험을 통해 시장의 변동성을 직접 체감하게 되었다. 좋은 투자로 보였던 결정이 시간이 지나며 큰 부담이 되었다. 당시에 나는 미래의 시장 변동성을 충분히 고려하지 않았다. 단기적인 이익만을 바라보며 결정을 내렸다는 것을 알게 되었다. 만약 그때로 돌아간다면 더 신중하게 시장을 분석하고 장기적인 관점에서 투자를 고민했을 것이다.

직장 생활에서도 비슷한 경험이 있었다. 우리 회사는 업계에서 상징적인 프로젝트를 수주하기 위해 경쟁사들이 놀랄만한 수준으로 가격을 낮추고 다양한 기술 서비스 옵션을 추가하는 전략을 세웠다. 이 전략은 성공적이었고 우리는 입찰을 통해 중요한 프로젝트를 수주할 수 있었다. 이 성공은 회사 내외부에서 크게 주목받았다.

그러나 프로젝트 수행 과정에서 문제가 시작되었다. 지속적인 기술 지원이 필요했고 고객은 계속해서 추가 요구사항을 제시했다. 회사는 예상했던 것보다 많은 기술 인력과 자원을 투입해야 했고 이는 예상치 못한 추가 비용으로 이어졌다. 결국 회사에서 얻는 이윤은 기대했던 것보다 훨씬 적었고 손해를 보는 상황까지 발생했다.

이 프로젝트는 회사 내부에서도 큰 문제로 여겨졌다. 처음에는 모두가 프로젝트의 성공을 축하했지만, 결국 회사의 골칫거리가 되었다. 팀원들 사이에서도 부정적인 감정이 커지며 회사의 전반적인 분위기에도 영향을 끼쳤다. 업무의 효율성도 떨어지고 팀원들 간의 사기도 저하되었다.

반대의 예로, 처음에 기대를 하지 않았던 프로젝트나 결정이 나중에 큰 성공으로 이어진 경우를 들 수 있다. 이전 회사에서 한때 누구도 관심을 두지 않았던 소규모 프로젝트를 진행한 적이 있었다. 이 프로젝트는 초기에는 회사 내에서도 우선순위가 낮아 예산도 제한적이었다. 많은 사람이 이 프로젝트의 성공 가능성에 대해 회의적이었다.

그러나 프로젝트 팀은 제한된 자원 내에서 창의적인 해결책을 찾아내며 프로젝트를 진행해 나갔다. 팀원들은 각자의 전문성을 살려 열정적으로 작업에 임했고, 프로젝트는 점차 성과를 보이기 시작했다. 시간이 지나면서 이 소규모 프로젝트는 예상치 못한 획기적인 업계 최초의 결과를 만들어 내며 회사의 새로운 성장 동력으로 자리 잡게 되었다.

프로젝트의 성공은 외부에서도 주목받았고 회사는 이를 기반으로 새로운 사업 영역으로 확장할 기회를 얻었다. 무엇보다 이 프로젝트는 회사 내부에서도 직원들의 사기를 높이게 되었다. 실패를 두려워하지 않고 도전적으로 문제를 해결해 나갈 수 있는 조직 문화를 조성하는 데 큰 역할을 했다. 앞선 경험을 통해 초기의 기대와는 무관하게 작은 일이라도 진정한 노력과 헌신, 창의성을 바탕으로 일을 진행한다면 큰 성공으로 이어질 수 있음을 깨닫게 되었다.

이 프로젝트의 성공은 나와 팀원들에게 중요한 교훈을 주었다. 초기에는 작은 프로젝트로 보였지만 누구도 예상치 못한 성공을 거둘 수 있었다. 작은 일이라도 최선을 다해 임하는 자세가 중요하다는 것을 알게 해 주었다. 때로는 우리가 가장 기대하지 않았던 곳에서 놀라운 기회와 성과가 나타날 수 있다. 이는 삶과 업무에 대한 나의 태도에도 긍정적인 변화를 가져다주었다.

현재에 집중하며 미래를 준비하는 자세

현재 나쁘게 보이는 결정이 나중에는 좋은 결과로 이어질 수 있다. 과거의 결정이 미래에 어떤 영향을 미칠지는 아무도 모른다. 때때로 우리가 생각했던 것과는 다른 방향으로 일이 전개될 수 있다. 일희일비하지 않고 현재에 집중하며 미래를 준비하는 자세는 자신의 삶을 긍정적으로 이끈다. 직장이나 개인 생활에서의 도전과 실패를 긍정적인 기회로 보고 장기적인 목표에 초점을 맞추는 것이다. 이러한 접근이 더 유연한 사고를 가능하게 해 준다.

모든 일에 일희일비하지 않을 때 더 나은 미래를 만들어 갈 수 있다. 삶은 타인과 끊임없는 비교나 경쟁, 그리고 과도한 욕심에서 벗어나야 하는 과정이다. 우리가 겪는 마음의 어려움은 그 요소들에서 나온다. 이것들은 내면적 성장과 행복을 방해한다. 일희일비하며 남들에 의해 좌우되는 삶을 살기보다는 자신의 삶을 깊이 있게 성찰하는 삶이 더 의미 있는 삶이다. 진정한 행복과 만족은 외부의 비교나 경쟁이 아니라 자기 내면에서 찾아야 하기 때문이다. 각자의 삶은 모두 다르고, 자신만의 방식으로 삶을 이해하고 즐기고 찾아야 행복한 삶을 살 수 있다고 믿는다. 자신의 삶을 소중히 여기며 자신의 길을 찾아 걸어가야 한다. 타인과의 비교에서 벗어나 자신만의 가치와 행복을 찾아가는 여정이 우리 모두에게 매우 중요하다.

초긍정 마인드셋

8

규칙적인 운동은
삶을 변화시킨다

"미래의 가장 좋은 점은 한 번에 하루씩 온다는 것이다."
– 에이브러햄 링컨

2022년 1월부터 시작된 새벽 수영이 내 삶에 새로운 전환점을 마련해 주었다. 규칙적인 운동을 일상의 루틴으로 만들면서 단순한 체중 감량을 넘어서는 변화를 경험할 수 있었다. 운동을 시작하기 전 나는 일상의 스트레스, 인간관계의 복잡함, 건강 문제, 부모님의 사고 등으로 인해 큰 정신적 고통을 겪고 있었다. 실패에 대한 두려움과 현재의 어려움이 나를 괴롭히며 삶에 대한 불만과 불평이 내 마음을 가득 채웠다. 그러나 꾸준한 운동을 통해 부정적인 감정들이 점차 줄어들고 긍정적인 변화가 시작되었다.

새벽 6시, 월요일부터 금요일까지 나는 수영으로 아침을 시작한다. 아침에 일어나는 것이 쉽지 않지만, 수영 후에 느끼는 상쾌한 활력 덕분에 지금까지 이 루틴을 이어 오고 있다. 꾸준한 운동을 통한 루틴은 내 주변 사람들의 칭찬을 불러일으켰고 내 안의 자신감을 높여 주었다. 이는 내면의 기쁨과 자존감을 높여 주었다. "할 수 있다."는 믿음과 지속적인 노력을 통한 성취감으로 나를 뿌듯하게 만들었다. 모델 한혜진이 말했듯이 운동을 통해 몸을 가꾸는 것은 인생에서 가장 명확한 변화를 체감할 수 있는 일 중 하나다. 꾸준한 운동은 몸의 변화뿐만 아니라 나의 자신감을 높이고 주변 사람들로부터 인정을 받게 했다. 나의 노력과 땀방울로 인해 얻은 결과는 매우 만족스럽다. 새벽 수영을 통해 나는 신체적인 건강뿐만 아니라 정신적인 건강까지도 함께 회복할 수 있었다.

운동이 가져온 전반적인 삶의 변화

새벽 수영의 시작은 단순히 몸을 움직이는 것을 넘어 하루를 새롭고 생산적으로 시작하는 방법이 되었다. 이른 아침의 조용함 속에서 수면 위를 가르는 것이 내 인생의 문제를 해결하는 데 도움을 준다. 물속에서의 명상과 하루를 시작하기 위한 나와의 약속은 나에게 오늘도 할 수 있다는 자신감을 가져다주며 스트레스에서 벗어나게 해 준다. 나의 신체적 한계를 시험하고 매일 자신과의 싸움에서 이기는 것은 새로운 동기부여가 된다.

이러한 규칙적인 운동 루틴은 나의 시간 관리 능력과 자기 통제력을 크게 향상할 수 있었다. 매일 같은 시간에 일어나 운동을 하기 위해 나는 더 일찍 자고, 건강한 식습관도 유지하게 되었다. 이는 나의 전반적인 생활 리듬을 규칙적으로 만들어 생활에 리듬과 규칙성을 더해 주었다.

수영장의 다른 회원들과 교류하면서 새로운 사회적 네트워크도 구축했다. 이들과의 만남은 일상의 스트레스를 해소하고 인생에 대한 새로운 시각을 주며, 공통의 관심사를 가진 사람들과 함께하는 정서적 지지는 내 삶의 질을 한층 높여 주었다. 규칙적인 운동은 힘든 시간을 견뎌 내는 인내심과 집중력을 배우게 했다. 일상의 복잡함 속에서도 마음의 중심을 잡을 수 있게 해주었다. 내면의 평화는 스트레스 관리에 도움을 주었을 뿐 아니라 전반적인 삶의 만족도를 높여 주었다.

　이 경험은 운동이 단순한 체중 감량을 넘어 삶을 긍정적으로 변화시키는 강력한 도구임을 증명한다. 운동으로 얻은 긍정적인 변화는 나의 일상, 가정생활, 사회적 관계 모두에 긍정적인 영향을 준다. 이는 건강하고 행복하며 만족스러운 삶을 살아가는 것이 얼마나 중요한지 깨닫게 한다. 이제 나는 삶을 더 즐길 수 있게 되었다.

　우리는 영어 실력 향상, 대인 관계 개선, 업무 능력 증진 등 여러 분야에서의 성장을 추구하지만, 이러한 능력의 발전은 바로 눈에 띄지 않는다. 영어 실력이나 대인 관계 능력 같은 개인적인 성장은 즉시 인식되기 어렵고 업무 능력의 향상 또한 눈으로 변화를 알아차릴 수 없다. 그러나 규칙적인 운동은 다르다. 운동은 몸의 변화를 통해 내면적인 성장까지 가져온다는 점에서 독특하며, 이러한 변화는 시각적으로도 확연히 드러난다.

체중 감소, 근육 발달, 체력 향상 등의 변화는 운동을 통해 체감할 수 있을 뿐만 아니라, 다른 사람들에게도 분명하게 인식된다. 따라서 신체적 변화는 계속해서 운동하게 만드는 큰 동기 중 하나로 작용한다.

운동이 가져오는 변화는 겉모습에 국한되지 않는다. 규칙적인 운동을 통해 스트레스가 줄어들고 정신 건강도 크게 개선된다. 운동 중에 발산되는 엔도르핀은 기분을 상승시키고, 마음의 안정을 가져다준다. 내면적인 변화는 자신감을 끌어올리고 인생에 대한 긍정적인 시각을 강화하는 데 큰 도움이 된다. 이처럼 운동은 단순한 신체 활동을 넘어서 우리의 삶 전반에 긍정적인 영향을 미치는 강력한 도구이다. 규칙적인 운동은 우리의 신체와 마음을 동시에 건강하게 만들며, 우리의 일상생활과 대인 관계, 업무 성과 등 여러 면에서 긍정적인 결과를 가져온다.

최근 후쿠오카 여행을 통해 일본인들의 날씬한 체형이 일상의 활동량에서 비롯되는 것을 목격했다. 자전거 타기, 대중교통 이용, 걷기 등 그들의 생활 방식에는 자연스러운 움직임이 많았다. 이는 운동이 반드시 힘든 활동이 아니라 일상에서 조금 더 몸을 움직이는 것만으로도 충분하다는 것을 의미한다. 계단 사용하기, 청소할 때 더 적극적으로 움직이기, 재활용품을 매일 버리기와 같은 작은 변화는 생활 속에서 활동량을 증가시키는 중요한 방법이다. 집에서 실시하는 간단한 팔 굽혀 펴기와 같은 가벼운 운동도 꾸준히 한다면 삶에 긍정적 변화를 불러올 수 있다.

실제로 활동적인 생활 방식은 행복감을 증진하는 것으로 알려져 있다. 삶의 질을 개선하고 스트레스를 줄이기 위해 생산적으로 움직이는 것이 중요하다. 일상 활동의 변화는 건강한 신체뿐만 아니라 긍정적인 정신 상태 유지에도 도움을 준다. 삶의 만족도를 높이고 스트레스를 감소시키기 위해 일상에서 더 활발히 움직이자.

운동을 통해 발산되는 엔도르핀은 기분을 좋게 하고 스트레스를 줄이는 데 도움을 준다. 일상생활에서의 에너지 수준과 집중력을 높인다. 운동은 사회적 상호작용을 증진하며 새로운 사람들을 만나고 사회적 네트워크를 확장할 기회도 제공한다. 매일의 행복을 추구한다면 매일의 운동이 해답이 될 수 있다.

《 제5장 》

긍정의 힘으로 삶을 재창조하다

SUPER
POSITIVE
MINDSET

1

있는 그대로의 나를
받아들이기

어린 시절 나는 가난한 가정환경에서 자랐다. 우리 가족이 살았던 동네도 가난한 곳이었지만 그중에서도 우리 집은 특히 어려운 형편이었다. 어려운 형편의 주변 친구들조차도 상대적으로 우리 집보다는 여유 있는 삶을 살아가는 것을 볼 때마다 친구들을 부러워한 적이 많았다. 이러한 상황은 때로 내 마음을 상하게 했다. 그럼에도 불구하고 어머니는 가정을 위해 많은 희생을 하셨다. 어머니는 퇴근 후에도 식당이나 피자집에서 일하시고 집에서 할 수 있는 부업까지 하시면서 바쁜 시간을 쪼개 모든 것을 해내셨다.

그 덕분에 나는 어려운 상황 속에서도 나쁜 길로 빠지지 않고 힘을 낼 수 있었다. 어머니의 헌신적인 모습은 나에게 강인함과 책임감을 가르쳐 주었다. 부모님이 오시기 전에 집 청소를 하고 혼자 밥을 챙겨 먹으며 설거지까지 해 놓았다. 중학생이 되면서 학교가 끝난 후에는 동네 주유소에서 일하며 가족의 경제적 부담을 조금이나마 줄이려고 했다. 친구들이 새 옷이나 학원에 대해 이야기할 때 나는 마치 그런 것들이 나와는 상관없는 듯 조용히 듣기만 했다. 그런 것들은 나에게 있어 당장 도움이 되지 않는 멀고도 사치스러운 것들로 여겨졌다.

성인이 되어서도 어린 시절의 아픔은 나를 떠나지 않았다. 내 삶은 끊임없이 더 많이 가진 이들과의 비교로 가득 찼다. 내가 가지지 못한 가정환경, 교육, 배경, 외모, 심지어 성격에 이르기까지 모든 것이 나를 자유롭지 못하게 했다. 이런 끊임없는 비교는 나를 주눅 들게 했고 자신을 미워하며 불평으로 가득 찬 삶을 살게 했다. 겉으로는 남들 앞에서 아무 일도 없는 것처럼 행동했지만, 내면에서는 우울함과 어둠이 깊어졌다. 어디를 가든, 누구를 만나든 나는 거짓된 자랑과 속임으로 나의 모습을 숨기기도 했다. 이런 행동은 나를 교만과 가식으로 채웠고 나의 진정한 모습을 잃게 만들었다.

자기 수용을 통한 변화

그러던 어느 날 한 권의 책에서 얻은 깨달음이 내 삶을 바꿔 놓았다. 외적인 조건이나 과거의 상처에 더 이상 굴복할 필요가 없다는 사실을 깨닫게 된 것이다. 내가 겪은 모든 경험이 현재의 나를 만들었고 그 어려운 시간을 견디며 이겨냈기 때문에 바로 지금의 내가 있다는 것을 알게 되었다. 이 깨달음이 나의 삶에 변화를 가져다주었다. 내 삶을 되돌아보니 나는 늘 어려움 속에서 성장해 왔다. 이러한 과정에서 내면이 단단해지고 강해지고 조금씩 더 나은 사람으로 변했다는 것을 알게 되었다. 그렇게 서서히 시작된 변화가 내 과거의 상처들을 치료해 주었고 어린 시절 가정환경과 친구들의 삶을 비교하며 느꼈던 원망은 점차 감사의 마음으로 바뀌었다.

친구들이 비교적 쉽게 얻는 것처럼 보이는 것들을 지켜보면서, 나는 인내심과 노력을 통해 얻은 결과의 진정한 가치를 깨닫게 되었다. 처음에는 좋은 환경에서 자란 친구들이 이미 누리고 있는 것들이 쉽게 얻어진 것처럼 보일 수 있지만, 실제로 그들의 성취 또한 도전과 노력의 결과일 수 있다는 것을 받아들였다. 내가 직접 경험하지 않은 일들은 내 어려움보다 가볍게 보일 수 있지만, 모든 성취는 그 자체의 과정을 거친다. 이러한 깨달음은 내 욕심과 교만을 조금은 내려놓을 수 있게 했으며, 타인의 성취에 대해 더 깊은 이해와 존중을 갖게 했다.

이전에는 나의 상황을 여러 이유를 대며 불평했었다. 그러나 나를 있는 그대로 받아들이기 시작하면서 더 이상 다른 사람들 앞에서 가면을 쓰고 살 필요가 없어졌다. 나 자신을 진정으로 바라보기 시작하며 나는 훨씬 더 정직한 사람으로 살아갈 수 있게 되었다. 정직한 삶을 추구하면서 자연스레 당당함이 생겼고, 나를 객관적으로 바라보는 능력도 키울 수 있었다.

덕분에 이전보다 겸손한 마음을 가질 수 있게 되었고, 일상의 소소한 것들에 대해 감사함을 느끼게 되었다. 이러한 과정은 나를 더욱 성숙한 인간으로 만들어 주었다. 삶의 작은 순간들마저 소중히 여기게 했다. 나를 받아들이면서 생긴 긍정적인 변화들은 나의 삶을 자유롭고 편안하게 만들어 주었다. 이제 나는 과거와 현재를 더욱 긍정적인 시각으로 바라볼 수 있게 되었다.

나를 있는 그대로 받아들이고 나서 내 인생에서 일어난 큰 변화 중 하나는 외부의 평가에 대해 더 이상 에너지를 소모하지 않게 되었다는 것이다. 이전에는 타인의 의견과 평가에 많은 신경을 쓰며 스트레스를 받았지만, 지금은 자기 사랑과 내 존재의 소중함을 인식하며 살아가게 되었다. 타인의 기준에 맞추려 애쓰지 않고 나만의 길을 걸으며 자유와 자신감을 얻게 되었다.

이 변화는 나의 결정과 선택에 대한 확신을 주었다. 더 이상 타인의 의견에 좌우되지 않고 내면의 목소리에 귀를 기울인다. 결과에 대해 후회하거나 불평하지 않는다. 오직 모든 경험에서 배움을 찾는다. 이러한 자기 신뢰는 나를 더욱 몰입하고 집중할 수 있는 삶으로 이끌었다. 내가 진정으로 원하는 것에 초점을 맞추는 삶을 살아가며, 이를 통해 나를 더욱 긍정적인 방

초긍정 마인드셋

향으로 나아가게 하고 있다.

새로운 삶의 목적 찾기

삶에 분명한 목적과 방향도 새롭게 찾게 되었다. 나는 내 경험을 바탕으로 다른 사람들의 삶에 긍정적인 변화를 만들어 주고 싶다는 열정을 발견했다. 취업 상담, 결혼, 재테크 등 내가 겪었던 다양한 일들을 공유하며 사람들을 도와줄 때 느끼는 만족감과 기쁨이 크다는 것을 알았다. 내 이야기와 경험을 공유함으로써 다른 사람들에게 영감을 주고 그들이 자신의 잠재력을 발견하고 최대한 활용할 수 있도록 돕는 것이 나에게 큰 의미가 되었다.

스트레스와 부정적인 감정도 더 잘 다루게 되었다. 삶의 도전과 어려움을 통해 인간은 더 강해지고 성장한다는 것을 깨달았기 때문이다. 이제 감정을 이전보다 잘 조절할 수 있으며 스트레스가 많은 상황에서도 침착함을 유지할 수 있게 되었다. 부정적인 감정에 사로잡히는 대신 그러한 감정을 가능한 한 빨리 해소하려고 노력한다. 어려움을 긍정적으로 극복하는 방법을 실천하며 내 삶을 더 자유롭게 만들고 있다.

날마다 더 긍정적이고 희망적인 마음으로 살아간다. 나의 과거, 현재, 미래가 모두 내 삶의 중요한 부분이다. 어제보다 더 나은 내가 되기 위해 나아간다. 이러한 마음가짐이 나를 더욱 강하고 행복한 사람으로 성장시켜

주는 것임을 믿는다.

결국, 있는 그대로의 나를 받아들일 때 진정한 평화와 행복이 찾아온다. 완벽하지 않아도 괜찮다. 넘어져도 다시 일어서면 된다. 나 자신을 있는 그대로 사랑하고 받아들일 때 삶의 모든 순간이 더 깊이 있게 다가온다. 이러한 자기 수용은 나의 삶을 더 의미 있고 풍요롭게 만들어 주며 내가 원하는 방향으로 나아가도록 이끌어 준다.

초긍정 마인드셋

2

현재에 충실하며
살아가기

> "우리를 조금 크게 만드는 데 걸리는 시간은
> 단 하루면 충분하다." – 파울 클레

삶에서 "현재"의 중요성을 깨달았음에도 불구하고 나는 지속적으로 더 많은 것을 갈망했다. 그러나 바로 그 욕구가 나를 현재 상황에 만족하지 못하게 하고 지치게 만든다는 것을 인지하게 되었다. 이제 나는 '어떤 일에 얼마나 성실히 임하고 현재의 삶에 최선을 다하는지'에 집중하기로 했다. 이것이 삶의 의미를 찾는 길임을 이해했다.

이제 나는 물질적 소유나 외부적 성공에 크게 집착하지 않는다. 대신 내가 맡은 일에 최선을 다하고 그 과정에서 느끼는 만족감과 성취에 집중한다. 이러한 태도 변화로 나는 이전보다 훨씬 더 밀도 있는 삶을 살아가고 있다. 내 일에 더욱 집중하며 그 일을 통해 더 큰 만족을 얻는다.

"현재"에 집중하는 것은 나의 시간 관리 능력을 크게 향상하게 했다. 이전에는 시간을 허튼 곳에 사용하거나 사소한 것에 매달려 시간을 낭비하곤 했다. 그러나 현재에 집중하기 시작하면서부터 모든 순간을 의미 있고 생산적으로 사용하게 되었다. 이러한 변화는 나의 업무나 개인적인 관계에도 긍정적인 영향을 미치며 삶을 더 단순하고 자유롭게 만들었다.

현재에 집중하면서 일상에서 작은 기쁨을 더 자주 느끼게 되었다. 운동하는 시간, 가족과 보내는 시간, 책을 읽거나 휴식을 취하는 순간들이 이전에는 느끼지 못한 만족감을 준다. 현재에 초점을 맞추는 태도는 내 정신 건강에도 도움이 된다. 스트레스와 걱정이 줄어들었고 현재를 즐기면서 살아감으로써 더 평온하고 만족스러운 삶을 누리고 있다. 매 순간을 의도적이고 의식적으로 살아가며 삶의 모든 순간이 얼마나 가치 있고 중요한지 깨닫고 있다. 이 변화의 원동력은 현재의 중요성에 대한 몇 가지 깊은 깨달음이었다.

첫째, 현재에 집중하는 것의 중요성을 실감했다. 과거의 후회와 미래의 걱정에서 벗어나 현재의 순간에 집중할 때 찾아오는 마음의 평안을 경험했다. 산책이나 운동, 기도, 명상 같은 활동을 통해, 나는 마음을 한 곳에 집중하고 현재에 더 깊이 몰입하는 법을 배웠다.

둘째, 감사하는 마음을 키우는 것이 얼마나 중요한지 알게 되었다. 현재 내가 가진 것들에 대해 감사함을 느낄 때 현재의 순간이 더 가치 있고 의미 있는 것으로 다가왔다. 매일 감사할 수 있는 작은 것들을 찾는 일이 나의 마음을 긍정적으로 변화시키는 큰 힘이 되었다.

셋째, 지금, 이 순간에 최선을 다하는 것이 얼마나 중요한지 깨달았다. 현재에 집중하고 그 순간에 최선을 다할 때 그 순간은 절대 후회하지 않는 소중한 시간이 된다. 매 순간을 최대한 활용하고 그 순간에 최선을 다하는 것에서 얻는 큰 만족감은 삶을 더 충만하고 의미 있게 만들었다.

이 세 가지 깨달음은 내 삶에 큰 변화를 불러왔다. 나는 이제 현재의 순간을 더 가치 있게 여긴다. 작은 것들에 감사하고 매 순간 최선을 다하는 삶을 살아간다. 이런 태도가 매 순간을 열심히 살아가는 데 도움을 주었다.

현재에 몰입한 수영대회 이야기

한 번은 수영대회에 참가했을 때의 일이다. 수영을 시작한 지 얼마 되지 않았을 때, 나는 배영 종목에 도전하기로 했다. 스타트 부분에 대한 연습이 충분치 않아 불안했지만, 배영은 내가 상대적으로 자신 있게 수행할 수 있는 영법이었다. 경기 당일, 내 순서가 되자 스타트대에서 심호흡을 하며 경기를 준비했다. 출발신호와 함께 힘차게 물속으로 뛰어들었다. 그러나 바로 그 순간, 예상치 못한 일이 발생했다. 내 물안경이 완전히 뒤집어진 것이다. 순간적으로 당황하고 물속에서의 시야도 흐려져 포기하고 싶은 마음이 들었다. "이대로 계속 갈까, 아니면 멈추고 물안경을 고칠까? 멈추면 얼마나 창피할까?"라는 생각이 머리를 스쳐 지나갔다.

하지만 그 순간, 나는 멈추지 않기로 했다. "지금까지 연습한 것을 포기할 수 없어, 끝까지 해 보자."라고 마음먹었다. 물안경이 뒤집어진 채로 눈을 뜰 수는 없었지만 나는 내가 할 수 있는 최선을 다해 수영했다. 평소보다 더 빠르게 팔을 저으며 결국 경기를 끝까지 마쳤다. 놀랍게도 경기 후 주변을 보니 많은 사람이 나에게 박수를 쳐 주었다. 나는 이유도 모른 채 경기장을 빠져나왔다. 나중에 알게 된 사실이지만 다른 참가자들 중 몇 명이 부정 출발로 실격 처리가 된 것이다. 그래서 정말 운이 좋게도 나는 이 대회에서 은메달 수상까지 하게 되었다.

과거와 미래 대신 현재에 집중하기

이 일은 나에게 굉장히 중요한 교훈을 남겨 주었다. 예상치 못한 상황에서도 포기하지 않고 최선을 다하는 것, 그 순간에 집중하며 나아가는 것이 얼마나 중요한지를 깨닫게 해 주었기 때문이다. 내가 있는 상황에서 할 수 있는 것을 포기하지 않고 조금씩 해나가는 것이 결국 어떤 상황에서도 긍정적인 결과로 이어질 수 있다는 것을 배웠다.

사실 매 순간을 충실히 살아간다는 것은 말처럼 쉬운 일이 아니다. 마음은 자주 과거의 후회나 미래의 걱정으로 빠져들기 쉽기 때문이다. 그러나 현재에 집중하는 것이 나의 삶을 의미 있고 충만하게 만드는 비결임을 깨달았다. 삶은 끊임없는 도전으로 가득 차 있고 마음의 변화는 하루에도 수십 번씩 일어나는 것이 매우 자연스러운 일임을 받아들였다.

누구나 매일 다양한 어려움과 도전 속에서 살아간다. 우리는 넘어지고 쓰러질 때도 있으며, 때로는 자신의 변화를 의심하게 된다. 하지만 중요한 것은, 이 모든 과정을 자연스러운 삶의 일부로 받아들이며 꾸준히 앞으로 나아가려는 노력과 용기를 유지하는 것이다. 매일 마주하는 도전과 어려움은 우리를 강하게 만드는 과정이자, 조금씩 성장하고 있음을 알리는 신호다. 반복적인 어려움 속에서도 계속해서 노력하며 나아가는 것이 중요하다. 조금씩 변화하는 모습을 발견할 때마다, 그것은 내가 이룬 작은 성공의 증거이며, 이러한 변화들이 모여 결국 큰 변화로 이어진다.

삶의 변화를 이끌어 내는 것은 쉽지 않다. 하지만 그 과정 자체가 나를 성장하게 만든다. 시간이 흐르면서 세상에 공짜는 없다는 말이 점점 더 와닿는다. 우리가 추구하는 변화와 성취는 모두 노력과 인내에서 비롯된다. 진정한 변화를 위해서는 이전과 다른 새로운 행동을 취해야만 한다. 때로는 정말 열심히 노력해야 하고, 예상보다 큰 도전을 마주할 때도 있다. 하지만 가장 중요한 것은 자신을 믿으며 자신만의 속도와 방법으로 나아가는 것이다.

결국, 현재를 충실히 살아가는 것은 나에게 행복과 만족, 그리고 의미 있는 삶을 선물한다. 삶은 현재 우리가 처한 상황을 어떻게 살아 내느냐가 우리의 삶을 결정하는 것이다.

3

세상은
감사하는 자의 것

"어떤 일을 하기에 앞서 스스로 그 일에 대한
기대를 가져야 한다." – 마이클 조던

세상은 감사하는 자의 것이다. 이 간단한 진리는 우리의 삶에 깊은 영향을 미친다. 감사는 단순히 긍정적인 감정을 표현하는 것을 넘어서 우리의 삶의 방식과 세상을 바라보는 관점에 근본적인 변화를 불러온다. 감사하는 마음을 가지고 살아가는 것은 삶의 소소한 순간들에 대해 깊이 있는 가치를 알게 해 준다.

감사하는 마음을 가질 때 평범해 보이는 일상의 순간들이 특별해진다. 햇살이 따스한 아침, 사랑하는 가족의 모습, 신선한 공기, 맛있는 음식 한 조각까지 모든 것이 감사의 대상이 될 수 있다. 이러한 감사의 순간들은 삶을 더 즐겁고 풍요롭게 만든다. 감사하는 마음은 단순히 개인의 내면에만 긍정적인 변화를 불러오는 것이 아니다. 인간관계에도 깊은 영향을 준다.

삶을 향한 감사함이 깊어질수록 우리는 타인에게 더 친절하고 이해심 많으며 여유로운 태도를 보이게 된다. 감사는 주변 사람들에게도 전염되어 긍정적이고 건강한 관계의 기초가 된다.

감사하는 삶을 산다는 것은 우리가 가진 것, 심지어 아주 작은 것에 대해서도 진심으로 감사할 줄 아는 삶을 살아가는 것을 의미한다. 우리의 재산, 직업, 사회적 지위 등 외부적인 조건과 관계없이 현재의 나를 있는 그대로 받아들이고 만족하며 살아가는 것이 진정한 감사이다. 이런 마음가짐은 내면의 욕심과 탐욕을 어느 정도 제어할 수 있게 하며, 가진 것에 대한 감사가 커질수록 욕심과 탐욕도 자연스럽게 줄어든다.

감사를 잃고 되찾기까지

일상에서 감사함을 잃어버리는 순간, 우리의 삶과 인간관계에는 분명한 변화가 찾아온다. 감사의 감정 없이는 불만과 부정적인 감정이 마음을 가득 채우게 된다. 우리는 주변의 소중한 것들을 간과하고 오로지 부족한 것들에만 초점을 맞추게 된다. 마치 바닷물을 마실수록 더 갈증을 느끼는 것과 같이 어떠한 상황에서도 만족을 느끼지 못하는 상태로 이어진다. 이런 부정적인 태도는 단지 우리 자신에게만 영향을 주는 것이 아니라 주변 사람들에게도 영향을 미친다. 결과적으로 갈등과 긴장이 증가하는 원인이 되기도 한다.

나의 경험을 돌아보면 직장 생활에서 감사를 잃고 방황했던 순간들이 있었다. 사회생활을 시작한 지 얼마 되지 않았을 때 영업 매출의 압박은 나를 잠 못 들게 할 정도로 힘들게 했다. 입사 전엔 이 회사에서 꼭 일하고 싶다는 열정이 가득했지만, 업무의 스트레스로 지옥을 경험하는 기분이었다. 그 정도로 힘들었다. 퇴근을 해도 끊임없이 울리는 전화에 마음 편히 잠을 잘 수 없었다. 자면서도 떠오르는 매출에 대한 압박. 내일은 또 무슨 변명을 해야 할지 고민하며 잠들었다. 그러한 업무 스트레스로 인해 일에 대한 나의 열정은 사라져 갔다. 회사에서 해야 할 일이나 상사 지시에도 마음이 움직이지 않았고, 모든 것을 부정적으로 바라보기 시작했다. 부정적인 태도는 업무에서 나타났다. 모든 일을 대충대충 앞에서만 하는 척 제대로 하지 않았다. 혼나기도 했지만 크게 신경 쓰이지 않았다.

계속되는 나의 태도는 제대로 일을 할 수 없게 만들었고, 이런 회사 다니지 않아도 된다는 마음이 생겨나기 시작했다. 면접에서는 이 회사에만 입사할 수 있다면 최선을 다해 일하겠다고 말했었는데, 실제로 입사한 후 상황이 이렇게 변할 거라고는 생각하지 못했다

결국 이러한 상황은 나에게 이로움보다 손해만 가져다주었다. 열정과 긍정적인 태도로 일하는 동료들 사이에서 기회는 그들에게만 주어졌고 나는 점차 기회의 문밖으로 밀려나는 것 같았다. 자연스럽게 줄어든 업무로 인해 느낀 소외감과 고통은 나를 더 힘들게 했다. 사람들은 대부분 무언가를

잃어 보지 않고서는 그 진정한 가치를 깨닫지 못하는 법이다. 그 경험을 통해 일의 소중함을 깊이 알았다. 업무가 점차 줄어들기 시작하면서 그동안 내가 얼마나 많은 것들을 당연하게 여겼는지 내 업무에 대한 가치를 늦게나마 알게 되었다. 업무가 줄어들기 시작하면서 느낀 소외감과 고통은 이루 말할 수 없었다. 사람들은 무엇이든지 갖고 있는 것을 잃어 봐야 그 진정한 가치를 알게 된다. 그때 나는 일의 소중함을 절실히 깨닫게 되었다. 감사하지 못하는 마음에서 시작된 부정적인 태도가 나 자신과 회사와의 관계를 어렵게 만들었고 일하는 동안 불안과 불편함을 안겨 주었다.

결국 나는 그 상황에서 벗어나기 위해 다시 열심히 해 보기로 마음먹었다. 다시는 과거의 실수를 반복하지 않겠다고 다짐했고 긍정적인 자세를 가지고 일에 임했다. 다른 사람들이 하기 싫어하는 일들도 기꺼이 맡으며 "내가 하겠다."는 의지를 보였다. 동료들의 작은 관심이나 도움에도 진심으로 감사의 마음을 표현했다. 이런 긍정적인 접근은 내 주변의 업무 환경을 긍정적으로 바꾸었다. 나를 찾는 사람들이 조금씩 늘어났고 업무 성과 역시 나타나기 시작했다. 일에 대한 열정도 다시 생겨나고, 동료들과의 관계도 회복되었다. 일이 즐거워지고 나서야 감사하는 마음과 긍정적인 태도가 나의 삶을 어떻게 변화시킬 수 있는지 경험할 수 있었다.

감사하는 삶을 실천하는 방법

삶의 감사함을 발견하려면 사소한 것들에 주목하며 감사를 연습해 보자. 하루에 다섯 가지라도 좋다. 그 일들을 생각하고 "감사합니다."라고 말해 보자. "오늘도 맛있는 음식을 먹을 수 있어 감사합니다.", "건강한 몸을 유지할 수 있어 감사합니다.", "밥을 먹을 시간이 있다는 것에 감사합니다." 처럼 말이다. 이렇게 하면 긍정적인 마음이 자라나는 걸 느낄 수 있을 것이다. 시작은 어렵고 기분이 우울할 때는 감사하기 더 힘들 수 있지만, 이 역시 연습이다. 마치 근육을 키우듯이 감사의 "근육"도 꾸준히 단련시키면 성장한다.

부정적인 에너지도 가능한 한 빨리 내 몸과 마음에서 내보내자. 이미 지나간 일을 되돌릴 수는 없다. 무슨 일이 일어났든 일어난 일은 바꿀 수 없다. 그러니 그것을 부정적으로만 보지 말고, 그 부분에서 새로운 근육이 생긴다고 생각하자. 상처받지 말고 그 상황을 성장의 기회로 삼아 이전에는 없던 근육을 만드는 기회로 여기자. 그리고 해결할 수 있는 것에 집중하자.

감사하는 마음을 품으면 이전에는 보이지 않던 것들이 눈에 들어오기 시작한다. 무엇보다 욕심을 내려놓고 남들과 비교하지 않으며 나만의 속도로 천천히 가는 것이 중요하다. 감사하는 삶을 살아간다면 이 세상은 나의 것이 된다. 감사는 우리의 마음과 삶에 긍정적인 영향을 미친다. 감사하는 마음을 가지고 한 걸음 한 걸음 나아갈 때 그 과정에서 진정한 만족과 행복을 발견하게 된다. 감사는 단순히 긍정적인 감정을 넘어 삶을 변화시키는 강력한 힘이다.

4

부자도
바라는 삶

부자가 가장 바라는 삶은 개인마다 다를 수 있지만, 일반적으로 물질적인 풍요를 넘어서는 깊은 내적 만족과 삶의 질 향상에 더 큰 가치를 두는 경향이 있다. 많은 부자가 자기 재산을 사용하여 사회적 기여를 하고 인간관계, 개인적 성장, 창의적 추구와 같은 다양한 삶의 영역에서 의미와 행복을 찾으려고 한다.

연구에 따르면 단순히 부의 축적만으로는 행복도가 크게 향상되지 않는다. 오히려 삶에서 의미와 가치를 찾는 것이 더 높은 만족도와 행복감을 가져다준다는 것을 보여 준다. 실제로 많은 부자들이 재산을 사회에 환원하거나, 자신과 주변 사람들의 삶의 질을 높이는 데 사용하면서 더 큰 만족을 느낀다고 한다.

부자가 가장 바라는 삶은 물질적인 성공을 넘어선 더 풍요롭고 의미 있는 삶을 구현하는 것이다. 그들이 실제로 가장 가치 있게 여기는 것은 내적 만족과 삶의 질 향상이다. 이러한 경향은 다양한 연구와 사례를 통해 확인할 수 있다.

- **소득과 행복의 상관관계 연구**: 프린스턴 대학교의 연구에서는 연간 소득이 일정 수준(당시 연구에서는 약 75,000달러) 이상 증가해도 행복도가 크게 향상되지 않는다고 발표했다. 이는 부의 축적이 행복의 주된 원천이 아니라는 것을 시사한다.

- **자선 활동과 행복**: 여러 연구에서 부유한 개인들이 자선 활동이나 사회적 기여를 통해 큰 만족감을 느낀다는 것을 발견했다. 하버드 비즈니스 스쿨의 연구에 따르면, 돈을 남에게 쓸 때 자신에게 쓸 때보다 더 큰 행복을 느낀다고 한다. 부를 나누는 행위 자체가 개인에게 내적 만족을 제공한다는 것을 보여 준다.

- **시간의 가치 인식**: 부자들은 시간을 돈으로 환산할 수 있는 능력이 있음에도 불구하고, 시간을 더 가치 있게 사용하는 방법에 더 관심을 둔다. 시간을 효율적으로 사용하여 삶의 질을 높이려는 노력이 반영된 것이다. 예를 들어, 가족과 함께 보내는 시간이나 취미 생활에 더 많은

시간을 투자하며 삶의 만족도를 높이려 한다.

- **개인적 성장과 자기 계발**: 부를 축적한 개인들은 자기의 개인적 성장과 발전에도 많은 관심을 보인다. 이들은 새로운 기술을 배우거나 개인적인 취미를 발전시키고 자기 계발을 통해 삶의 의미와 만족을 찾는다.

이러한 점들을 종합해 보면, 부자들이 추구하는 삶의 목표는 물질적인 풍요를 넘어서 내적 만족과 삶의 질을 높이는 방향으로 향하고 있음을 알 수 있다.

돈으로 많은 것을 살 수 있지만, 우리 내면의 공허함을 채우는 데는 한계가 있다. 마치 물을 손으로 쥐려 하는 것처럼 말이다. 물은 손안에 잠시 머물 수 있지만 결국 흘러내리고 만다. 마찬가지로 아무리 많은 돈을 소유하고 있어도 그 안에 진정한 내면의 기쁨과 만족이 없다면 그 부는 결국 무의미해진다.

나도 이러한 것들을 깨닫고 나서 나의 세상을 바라보는 관점이 크게 달라졌다. 내가 부자의 삶을 동경하며 살아온 것은 그들이 누리는 것처럼 보이는 무한한 자유와 선택의 폭, 그리고 물질적인 성공이 나의 행복을 보장할 것이라는 믿음 때문이었다. 그런데 그런 내 생각은 점점 달라졌다.

연봉이 크게 상승했을 때의 성취감, 새 차를 샀을 때 느껴지는 만족감,

그리고 내 이름으로 된 집의 문을 처음 열었을 때의 뿌듯함과 기쁨은 말로 표현할 수 없었다. 하지만 그 행복은 예상보다 빨리 사라져 버렸다. 새 차는 몇 달이 지나자 그저 출퇴근의 수단이 되었고 새로 매매한 집은 좋기는 했지만, 얼마 후 더 큰 집, 더 좋은 위치의 집을 원하기 시작했다. 연봉이 올랐을 때는 처음엔 재정적인 안정감과 성취감을 느끼게 해 주었지만, 그 만족감은 오래가지 못했다.

더 많은 것을 얻고자 했던 욕구는 처음에는 모든 문제를 해결할 것 같았지만, 실제로는 만족의 순간이 점점 짧아지고 갈증은 더 커져만 갔다. 더 크고 더 나은 것을 얻을수록 그것에 대한 흥미를 금방 잃어버리게 되었다. 이는 물질적 성공이 궁극적인 만족을 보장하지 않음을 깨닫게 해 주었다.

의미 있는 삶을 추구하며

이런 경험을 통해 나는 진정한 만족이 끊임없는 추구에서 오지 않는다는 것을 알게 되었다. 내가 놓치고 있었던 것은 진정한 만족과 행복이 무엇인지에 대한 이해였다. 진정한 만족은 끊임없이 "더"를 추구하는 것이 아니라 현재의 순간에 감사하고, 가지고 있는 것에서 만족을 찾는 데 있었다. 나는 내 삶에서 가장 소중한 것이 무엇인지 나에게 진정한 의미와 행복을 주는 것이 무엇인지 고민하기 시작했다.

그렇게 시간을 들여 나를 돌아보고 내면을 사색하며 나는 가족과의 시간, 내가 진정으로 열정을 느끼는 취미와 활동에서 찾은 진정한 행복의 가치를 깨달았다.

이제 나는 이전처럼 외적인 성공이나 물질적인 소유에만 의미를 두지 않는다. 나의 삶을 더 풍부하게 만들고 진정으로 가치 있는 것들로 나를 채우려고 노력한다. 이러한 변화는 나의 세상을 바라보는 관점을 근본적으로 바꿔 놓았다.

결국, 모든 부자가 진정으로 바라는 삶은 바로 내면의 기쁨과 만족, 그리고 현재의 평안함이 아닐까? 아무리 돈이 많고 권력이 높아도 그것들을 소유하고 유지하기 위해 안간힘을 쓰는 삶은 과연 행복할까? 돈과 권력은 많은 이점을 가져다주는 대신 그것들을 쥐고 있으려는 노력과 두려움은 우리를 불안하게 만든다. 부와 권력이 커질수록 그것을 지키기 위한 부담과 스트레스도 많아진다.

돈이 많다는 것은 아주 좋은 것이지만, 진정한 행복은 돈으로만 채울 수도 없는 것이다. 사랑하는 사람들과의 관계, 건강한 삶, 가족과의 소중한 시간, 지속적인 성장과 학습은 부의 크기와 관계없이 모두가 느낄 수 있는 삶의 가치들이다.

부자든 아니든 우리가 모두 추구하는 것은 진정한 행복이다. 이것이 바로 삶의 궁극적인 목표이며 모든 사람이 바라는 바이다. 따라서 물질적인 부에만 집중하기보다는 내면의 평안, 사랑, 건강, 그리고 가족과 함께하는 시간 등 진정으로 중요한 것들에 초점을 맞춰 산다면 더 의미 있는 삶을 살 수 있게 될 것이다.

실패를
활용하라

어려움과 실패는 우리 모두에게 친숙한 경험이다. 때로는 아무리 애써도 일이 잘 풀리지 않을 때가 있다. 이런 순간들이 우리를 좌절시키고, 우울하게 만들 수 있다. "왜 나만 안 될까?" 하며 자신을 탓하기도 한다. 그런데 이 모든 경험이 우리에게 중요한 교훈을 주고 있다는 걸 알게 됐다. 내가 지금 추구하는 것이 장기적으로 나에게 이로운 것인지, 계속 추구할 가치가 있는 것인지 곰곰이 생각해 볼 기회를 준다는 것이다. 삶은 언제나 우리가 예상치 못한 방식으로 진행되곤 한다.

처음엔 실패나 좌절로만 보였던 것들이 시간이 흐르며 오히려 나에게 더 나은 결과를 가져다주었다는 걸 깨닫는 순간들이 있다. 그 당시엔 더 좋아 보였던 것이 사실은 나와 맞지 않았던 경우도 많고 그 과정을 통해 더 중요한 것들을 배우기도 했다. 지금 당장 잘 안되더라도 괜찮다. 현재의 실패나 좌절이 오히려 우리에게 삶에서 더 중요하고 의미 있는 것을 발견하게 해 주는 기회일 수 있다. 이 과정을 통해 우리는 자신을 더 잘 이해하게 되고 중요한 것이 무엇인지 깨달을 수 있다.

열심히 노력하는데도 결과가 따라주지 않거나 목표를 달성하지 못하고 주변의 인정과 칭찬을 받지 못할 때 우리는 좌절감을 느낀다. 그러나 그 순간들이 중요한 교훈이 될 수 있다고 인식하면 마음이 조금은 가벼워질 수 있다.

이런 경험들은 우리에게 교훈을 제공하고 개인적인 성장을 위한 기회가 되어 준다. 어떻게 하면 더 나은 사람이 될 수 있을지 되돌아보게 만든다. 우리가 겪는 모든 시행착오와 도전은 나를 성장하게 한다.

어려움을 겪을 때마다 그것이 나에게 무엇을 가르쳐 주려고 하는지 그리고 그 경험을 통해 어떻게 더 나은 내일을 만들 수 있을지를 생각해 보자. 조금 더 편안한 마음으로, 조금 더 멀리 본다면 현재의 어려움을 인내할 수 있다.

각자의 속도로 걷는 성공의 길

10년간의 직장 생활을 통해 깨달은 것은 회사에서 성공한 사람들 뒤에는 언제나 각자의 페이스에 맞춰 오랜 인내와 노력을 기울여 온 시간이 있다

초긍정 마인드셋

는 것이다. 성공은 단순한 운이나 순간적인 성과가 아니라 지속적인 노력과 인내의 결과임을 알게 되었다. 각자가 겪는 도전과 어려움을 극복하며 자신만의 속도로 꾸준히 발전해 나가는 것이 진정한 성공으로 이어진다는 중요한 교훈을 얻었다. 처음에는 남들의 성공을 운의 결과로만 여겼다. 나에게도 그런 운이 찾아올 것을 기대하며, 쉽고 빠른 길만 찾으려 했다. 하지만 시간이 지나며 깨달았다. 성장과 성공은 순식간에 이뤄지는 것이 아니라, 오랜 시간 동안의 꾸준한 노력과 각자의 페이스에 맞춰 이루어진다는 사실을.

성공한 사람들 뒤에는 보이지 않는 긴 시간의 노력과 인내, 실패와 시행착오가 있었다. 그들의 성공이 단지 운의 결과가 아니라 각자가 겪은 과정의 산물임을 이해하게 되었다. 우리 각자는 다른 길을 걷고 있으며 각자에게 맞는 속도와 방법으로 성장한다. 이제 남들보다 빠르게 결과를 얻으려는 조급함을 버리고 나만의 길을 걸으며 하루하루를 의미 있게 보내는 것이 얼마나 중요한지 알게 되었다.

각자의 페이스로 성장하는 여정을 즐기며 매 순간을 소중히 여기려 한다. 이를 통해 얻은 교훈과 성장이 진정한 성공의 밑거름이 될 것임을 확신한다.

삶에서 모든 것이 즉시 해결되지 않는다고 해서 그것이 실패를 의미하는 것은 아니다. 중요한 것은 매일 우리 앞에 놓인 작은 일들에 집중하고 차근차근 해 나가는 것이다. 이런 방식으로 접근하면, 우리는 인내의 가치를 배우고 진정으로 자신에게 집중하는 법을 익힐 수 있다. 무엇보다 진정한 성장은 대단한 변화에서 비롯되는 것이 아니라, 매일의 작은 변화와 지속적인 노력에서 시작된다. 이 과정을 통해 우리는 자신을 더 이해하게 되고, 장기적인 목표와 꿈에 한 걸음 더 다가갈 수 있다. 이러한 접근이 우리의 일상을 만족스럽게 만들어 줄 것이다.

잘 안되는 것 또한 하나의 귀중한 경험이다. 이 경험을 통해 우리는 부족한 점이 무엇인지, 무엇을 개선해야 할지 배울 기회를 얻는다. 잘 안되는 것을 단지 부정적으로만 보지 말고, 성장의 발판으로 삼자. 모든 이에게 때때로 계획대로 되지 않는 일은 자연스러운 일이다. 심지어 세계적인 성취를 이룬 인물들조차도 실패와 좌절의 순간을 겪는다. 그 순간, 모든 것이 무너지는 것처럼 느껴질 수 있지만, 이는 오히려 새로운 기회를 찾게 되는 전환점이 될 수 있다. 따라서, 잘 안되는 상황에서도 새로운 기회를 찾는 긍정적인 자세를 가져 보자.

감사와 긍정적인 태도

잘 안되는 순간들이 우리에게는 의외의 선물일 수 있다. 우리가 일상에서 너무나 당연하게 여겨 왔던 것들에 대해 다시 생각하게 만들어 주기 때문이다. 감사의 태도는 삶을 의미 있게 만든다. 문제와 어려움에 직면했을 때, 우리가 가진 것에 집중하고 감사함을 느끼는 것은 마음을 긍정적으로 바꾸는 데 도움이 된다.

일이 원하는 대로 풀리지 않을 때 우울하거나 슬퍼할 필요가 없다. 일이 잘 풀리지 않는다면, 그건 단지 새로 시작할 기회일 뿐이다. 포기하지 말고, 조금씩, 한 걸음씩 앞으로 나아가 보자. 잘 안되는 순간들조차 성장의 소중한 부분이 된다.

잘 안되는 것은 새로운 방향을 찾아내고 더 나은 미래로 나아가는 기회를 준다. 현재의 어려움을 좌절의 이유로 삼지 말고 성장과 발전의 계기로 삼자. 우리 각자는 자신만의 속도로 삶을 살아가고 자신만의 길을 걸어간다. 중요한 것은 얼마나 빨리 목표에 도달하는가가 아니라 인생의 여정을 얼마나 의미 있고 충실히 걸어가는가이다.

잘 안되는 것이 괜찮은 이유는 그것이 우리에게 내일을 향해 나아갈 힘과 지혜를 주기 때문이다. 그러니 우리의 삶을 소중히 여기고 매 순간 최선을 다해 살아 내자. 우리 삶은 그럴만한 충분한 가치가 있다.

실패하고 잘되지 않는 순간들이 결국 우리의 삶을 풍요롭게 만든다. 성공만을 경험한다면 우리는 그 성취의 진정한 가치를 깨닫지 못할 수 있다. 그러나 실패와 어려움을 겪은 후에 이루어 낸 성공은 더욱 값지게 느껴진다.

결국, 잘 안되는 것도 괜찮다. 항상 모든 일이 잘 풀려야만 한다고 생각하는 것은 오히려 우리를 스트레스로 몰아넣는다. 실패와 좌절을 경험하더라도 그것이 바로 우리를 성장시키고 더 나은 방향으로 이끌어 주는 원동력이 된다. 힘들고 어려운 순간들도 우리의 인생에서 중요한 부분을 차지하며 이를 통해 우리는 지속적으로 배우고 발전할 수 있다. 잘 안되는 경험조차도 우리가 더 나은 내일을 향해 나아갈 수 있도록 도와주는 귀중한 자산임을 잊지 말자.

초긍정 마인드셋

6

미움에서
배움으로

> "어떤 것이 당신이 계획대로 되지 않는다고 해서
> 그것이 불필요한 것은 아니다." – 토마스 A. 에디슨

사람이 미울 때가 많은 것은 우리가 모두 다른 경험과 환경에서 자라 왔기 때문이다. 서로 다른 배경은 우리의 생각과 행동에 영향을 미친다. 때로는 다른 사람의 행동이나 결정이 나의 가치관이나 기대와 충돌할 때 그들을 미워하게 된다. 그러나 이러한 감정을 느끼는 것은 자연스러운 일이다. 내가 누군가를 미워한다고 해서 나쁜 사람이 되는 것도 아니다.

심리학자들은 미움을 느끼는 것이 우리의 사회적, 심리적 필요에 기반하고 있다고 말한다. 예를 들어, 누군가를 미워하는 것은 나 자신을 보호하는 방어 메커니즘의 일부일 수 있다. 자신의 가치와 신념을 지키기 위해 그리고 나를 해할 수 있는 사람이나 상황으로부터 자신을 보호하기 위해 미워하는 감정을 사용하는 것이다. 또한 미움은 사회적으로 학습한 행동의 결

과일 수 있다.

익숙한 것들 속에서만 살아갈 때, 잘 모르거나 경험하지 못한 새로운 사람이나 사물들을 공정하게 바라보기는 어렵다. 이런 상황에서는 상대방을 제대로 이해하기 어려워진다. 그로 인해 미움의 감정이 자라나기도 한다. 그러나 중요한 것은 우리가 미움을 느낄 때 그 감정을 인식하고 그 이유를 이해하려고 노력하는 것이다. 이는 자신의 감정을 관리하고 더 건강한 방식으로 갈등을 해결할 수 있게 도와준다.

미움은 우리의 삶의 일부이지만 그것에 사로잡히지 않고 이해와 관용으로 나아가는 법을 배울 수 있다면 더 나은 사회적 관계를 형성하고 보다 건강한 삶을 살 수 있다. 미움에서 배움을 얻어 이를 통해 성장하고 성숙해질 수 있는 기회를 만들어 보자.

내 경험을 돌이켜 보면, 한때 정말 어렵게 느껴졌던 상사가 있었다. 그는 업무처리 방식이 특이하고, 때로는 과도하게 엄격해서 함께 일하기가 매우 어려웠다. 나는 그의 방법이 옳지 않다고 확신했고 그 방식에 적응하는 것이 힘들어 밤에 잠을 설치는 날도 많았다. 왜 이런 식으로 일해야 하는지 이해할 수 없었다. 그가 내 의견을 물어볼 때마다 이미 정답을 정해 놓고 있는 것처럼 느껴져 짜증이 났다.

그러나 한 중요한 프로젝트를 함께 진행한 후 내 생각이 완전히 바뀌었다. 그 프로젝트를 마친 후에야 나는 그 팀장의 방식이 실제로는 가장 쉽고 빠르며 효율적인 방법이었음을 깨달았다. 물론 일하는 과정에서 조금이라도 설명을 해 줬다면 좋았을 것이라는 생각은 들었지만, 그 고된 과정과 엄격한 분위기 속에서 배운 일들은 깊이 내 머리에 박혔고, 나의 업무 능력에 큰 영향을 미쳤다.

이직한 후에도 그때 배운 업무처리 방식을 적용하니 모든 일을 더 빠르고 효과적으로 처리할 수 있었다. 돌이켜 보니 그 상사는 나에게 매우 중요한 사람이었다. 당시엔 이해할 수 없었던 그의 엄격함과 방식이 사실은 나에게 큰 선물이었다는 것을 깨달았다. 그 경험 덕분에 나는 어떤 업무 환경에서도 유연하게 대처할 수 있는 능력을 키웠고 더 넓은 시야로 일을 바라볼 수 있게 되었다. 때로는 가장 힘들고 이해할 수 없는 순간들이 사실 우리에게 가장 큰 성장의 기회를 주는 배움의 시간이 되기도 한다.

어린 시절, 경제적으로 어려웠던 시기에 나는 아버지를 미워했던 적이 있다. 당시에는 아버지가 가족을 위해 더 많은 희생과 노력을 해야 한다고 생각했다. 이런 생각은 내 마음속에 아버지에 대한 불만과 실망으로 자리 잡았다. 하지만 시간이 흘러 어른이 되고 나 역시 부모가 되어 보니 아버지의 상황과 마음을 이해할 수 있게 되었다. 당시 아버지가 얼마나 많은 부담과 두려움을 안고 살았을지, 날마다 어떻게 견뎌 냈을지 조금이나마 느낄 수 있게 되었다.

이제 나는 아버지에 대한 이해와 공감이 생겼고 그 어려운 시기를 견뎌 낸 아버지에 대해 존경심마저 느끼게 되었다. 과거에 미워했던 마음들이 눈 녹듯이 사라져 이후에 아버지와도 더 돈독하고 의지하는 사이가 되었다. 서로의 상황을 이해하고 다름을 인정하니 관계도 더 좋아졌다.

가족에 대한 사랑과 때로는 미움, 그리고 다시 돌아오는 이해와 용서의 과정이 우리 모두의 삶에 깊이 새겨져 있다는 것을 알게 되었다. 이 경험을 통해 어려운 시기를 겪으면서도 서로를 이해하고 존중하는 것이 얼마나 중요한지 깨닫게 되었다.

내가 겪은 경험들, 특히 어린 시절 아버지에 대해 느꼈던 마음이나 직장에서 겪은 상사에 대한 미움은 시간이 지나면서 그들의 행동과 상황에 대한 깊은 이해와 공감으로 바뀌었다. 이 과정에서 나는 미워하는 마음을 넘어서 상대방의 입장을 생각하고 그 상황에서 배울 수 있는 점을 찾아내게 되었다.

미움은 단순히 부정적인 감정이 아니라 자신과 타인을 이해하고 관계를 건강하게 만드는 기회가 될 수 있다. 삶을 더 긍정적으로 바라볼 기회를 주기도 한다. 우리가 미워하는 사람이나 상황에 대해 더 넓은 시각에서 생각하고 그것을 통해 성장의 기회로 삼을 때 우리의 삶도 더욱 건강해진다고 믿는다.

다름을 인정하고 성장하기

미워하는 마음을 줄이고 다름을 인정하자. 감정보다는 해결해야 할 문제들을 개선하기 위해 더 건설적인 방법을 모색하는 것이 현명하다. 미움에 사로잡히지 않고 지혜롭게 상황에 대처하면 더 나은 인간관계를 만들고 더 행복한 삶을 영위할 수 있다.

결국, 미움에서 배움으로 나아가는 과정은 우리를 성숙하고 이해와 공감이 넘치는 사람으로 만들어 준다. 미움은 자연스러운 감정이지만, 그 감정에 사로잡히지 않고 이를 통해 배울 수 있는 점을 찾는 것이 중요하다. 우리가 겪는 모든 경험은 우리를 성장시키는 발판이 될 수 있다. 미움을 느낄 때 그 감정을 받아들이고 왜 그런 감정을 느끼는지 스스로 질문해 보자. 상대방의 입장에서 생각해 보고 그들의 행동이 어떠한 배경에서 비롯되었는지를 이해하려고 노력하자. 이러한 과정은 우리의 감정을 더 잘 관리할 수 있게 해 주며 더 나은 해결책을 찾는 데 도움을 준다.

이제 나는 미움에서 배움을 찾고 그 배움을 통해 더 성숙해질 수 있음을 깨달았다. 상대방의 입장을 이해하고 그들의 행동을 깊이 생각하면 나 자신도 성장할 수 있는 기회를 갖게 된다. 이를 통해 더 넓은 시야와 공감을 바탕으로 한 인간관계를 형성하고 더 만족스러운 삶을 살아가고자 한다. 따라서, 미움을 느낄 때마다 그것을 배움으로 전환해서 성장하는 자세를 가지자. 우리 모두가 미움에서 배움을 찾는 여정을 통해 더 나은 사람이 되기를 바란다.

가진 것에
집중하기

우리는 우리가 가지지 못한 것들에 대해 생각하며 끊임없이 갈망한다. 더 큰 집, 더 높은 직위, 더 많은 돈. 우리는 이런 것들이 우리의 삶을 더 행복하게 만들 것이라고 믿는다. "만약 이런 돈이 있으면, 이런 차를 갖고 있다면, 이런 직장에서 일한다면, 이런 직급에 오른다면, 이런 일을 할 수 있다면." 이러한 생각들은 우리 마음속에 부러움의 씨앗을 심는다. 이러한 부러움은 우리의 시선을 자주 빼앗는다. 소셜 미디어를 통해 다른 사람들의 삶을 보며, 그들이 가진 것들을 부러워하기도 하고 그들의 휴가 사진, 새로운 차, 화려한 모습들은 "나도 그런 삶을 살고 싶다."는 생각이 들게 한다.

이러한 생각은 현재의 만족감을 감소시키고 우리가 이미 가진 것들을 잊게 만든다. 하지만 우리는 이미 가지고 있는 것들이 얼마나 소중한지를 잊어서는 안 된다. 우리 주변에는 감사해야 할 소중한 것들이 많이 있다. 가진 것에 집중하면 현재의 삶도 더 행복해질 수 있다.

우리 곁에 있는 건강, 가족, 친구, 그리고 일상의 모든 소소한 행복들은 너무나 가까이 있어서 그 가치를 잘 모르고 살아가곤 한다. 매일 당연하게 여기는 것들, 잠자리의 편안함부터 사랑하는 이들과 보내는 시간까지, 이 모든 것이 실제로는 우리 삶의 큰 행복이다. 하지만 우리는 이것들이 하루라도 없으면 느껴지는 불편함을 생각하지 않는다. 건강하고, 잘 먹고, 잘 자며, 사랑하는 사람들과 어울릴 수 있다는 사실, 이 모든 것이 얼마나 큰 복인지 잊고 살아간다. 지금, 이 순간, 이 글을 읽을 수 있는 여유 자체가 얼마나 큰 특권인지도 말이다. 우리가 가진 모든 것은 이미 우리 삶을 풍요롭게 만드는 소중한 선물이다.

잃고 나서야 알게 되는 가치

2021년 12월, 부모님께서 사고를 당해 순식간에 모든 것을 잃으셨다. 그 사건은 우리 가족에게 깊은 충격을 주었다. 동시에 전세 보증금 문제까지 겹쳐 부모님은 당장 지낼 곳이 없어지셨다. 아버지는 병원에서 지내야 했고 어머니는 당분간 우리 집에서 지내셔야 했다. 이 일을 겪으며 일상에서 당연하다 여겼던 많은 것들의 진정한 가치를 깨닫게 되었다. 양말 한 켤레, 칫솔 하나까지, 모든 것을 새로 준비해야 했다. 하나하나 필요한 것들을 다시 사면서 느꼈다. 이 작은 것들 하나가 없다면 일상을 제대로 살 수 없다는 것을.

물질적인 것뿐만 아니라 가족 관계에도 서로 말 못 하는 어려움이 생겼다. 모두가 예민해지며 때때로 표정과 말로 서로에게 상처를 주기도 했다. 가장 중요한 가족과의 관계에 갈등도 생겼다. 그러나 이 어려운 시간을 통해, 나는 일상에서 아무렇지 않게 누렸던 것들이 얼마나 소중하고 감사한 일이었는지를 알게 되었다.

우리가 일상에서 누리고 있는 건강, 가족의 존재, 직장에서의 소속감 등이 얼마나 소중한지 다시금 깨달았다. 소소한 행복의 순간, 가족과 함께하는 식사, 사랑하는 이들과의 시간 모두가 얼마나 귀중한지 알게 되었다. 이경험은 일상의 작은 것들에 대한 깊은 감사와 삶의 진정한 의미를 다시 생각하게 했다. 우리가 매일 누리는 건강, 가족, 친구, 취미 등은 우리 삶의 소중한 부분이다.

건강하다는 것, 가족이 있다는 것, 친구가 있다는 것, 일할 수 있는 직장이 있다는 것 모두 감사해야 할 일이다. 가진 것에 집중하면 더 행복하고 만족스러운 삶을 살 수 있다. 이러한 것들이 없다면 우리의 삶은 지금과는 다른 모습일 것이다.

살아가면서 가진 것의 진정한 가치를 잊곤 한다. 우리 주변에는 집, 차,

옷, 음식 등 우리가 일상에서 당연하게 여기는 것들이 가득하다. 하지만 이 모든 것들이 우리의 삶을 풍요롭게 하고 있음에도 불구하고 우리는 더 많은 것을 원하며 만족하지 못하는 경우가 많다. 어떤 지역에서 살 것인지, 어떤 차를 탈 것인지, 어떤 음식을 먹을 것인지에 대해 끊임없이 고민하며, 항상 더 나은 것만을 추구한다.

이러한 끝없는 욕망은 삶을 불행하게 만들 수 있다. 풍족할 때보다 결핍을 경험할 때 비로소 가진 것의 진정한 가치를 깨닫게 되는 경우가 많다.

한 끼만 먹지 않아도 한 끼의 식사가 주는 감사함을 느낄 수 있다. 매일 당연하게 여겼던 식사가 얼마나 소중한지 한 끼의 굶주림을 통해 깊이 깨닫게 된다. 마찬가지로 단 1시간만 덜 자도 하루 종일 얼마나 피곤한지 알 수 있다. 평소에는 잘 느끼지 못했던 잠의 소중함을 부족한 잠을 통해 새삼 실감하게 된다. 운동하며 관절이 부드럽게 움직이는 것을 느낄 때 건강한 몸의 가치를 새삼 느끼게 된다. 관절이나 근육이 아플 때 비로소 건강한 몸이 얼마나 큰 축복인지 알게 된다.

이처럼 결핍을 경험함으로써 우리는 평소에 당연하게 여겼던 것들의 진정한 가치를 깨닫게 된다. 물 한 모금의 소중함은 목이 마를 때 가장 절실히 느껴지고 일이 없을 때야 비로소 일터의 의미를 깨닫게 된다.

초긍정 마인드셋

우리는 이미 많은 것을 가지고 있다. 그 모든 것들이 삶을 풍요롭게 만든다는 사실을 잊지 말아야 한다. 굶주림을 겪어보지 않고서는 밥 한 그릇의 가치를, 목마름을 경험하지 않고서는 물 한 모금의 소중함함을 모른다. 일이 없을 때 일터의 의미를, 건강을 잃어본 사람만이 건강의 진정한 가치를 알게 된다.

우리는 충분히 풍요로운 삶을 살고 있다. 이러한 풍요 속에서도 만족을 느끼지 못한다면 일상에서 조금 더 적게 먹거나, 잠을 줄이거나, 덜 소비하는 것 등을 시도해 보는 것이 좋다. 그것을 통해 우리는 현재 가지고 있는 것의 가치를 더욱 귀하게 여기게 될 것이다.

우리의 삶은 이미 충분하게 채워져 있다. 우리가 가진 것에 더 집중하고 감사할 때, 더 만족하고 행복한 삶을 살 수 있다. 삶은 매일 일어나는 소소한 기적들로 가득 차 있다. 숨 쉬고, 걸으며, 세상을 보고 느끼는 것 모두가 놀라운 일이다. 이 모든 것은 우리가 가진 것에 대한 깊은 감사의 마음을 가져야 할 이유다.

고난을 성장의
기회로 바꾸기

삶의 험난한 길목마다 우리를 기다리는 고난은 첫눈에는 가혹한 시련처럼 보일 수 있다. 하지만 이 어두운 순간들이 사실은 우리의 존재를 더욱 빛나게 하는 귀중한 기회임을 알게 되는 순간, 우리의 인식은 근본적으로 바뀐다. 고난이라는 불청객이 어떻게 우리 삶의 기회로 변하는 걸까? 그리고 그 속에서 우리가 어떻게 성장할 수 있을까?

우리는 모두 각자의 방식으로 고난을 경험한다. 실패, 절망, 질병, 외로움, 고독은 삶의 불가피한 부분이며 이를 마주하기란 쉽지 않다. 하지만 그 고난 속에서 우리는 숨겨진 자신의 강인함, 인내심, 그리고 회복력을 발견하게 된다. 이는 단순히 장애물을 넘어서는 것이 아니라 자신을 재발견하고 한계를 넘어서는 여정이다. 고난은 삶의 부정적인 면이 아니라 성장과 발전을 위한 필수적인 단계임을 이해하는 것이 중요하다.

고난을 통해 우리는 더 깊은 자아 성찰을 할 수 있다. 고난은 우리에게 부족한 점을 깨닫게 하고 더 나은 방향으로 나아가도록 동기를 부여한다. 이 과정에서 우리는 더 강해지고 더 지혜로워지며 더 나은 사람이 된다. 고난은 우리의 삶을 더욱 의미 있게 만들고 우리의 존재를 더욱 빛나게 한다.

생활 속 작은 시련들을 통해 우리는 성장하고, 적응하며, 깨달음을 얻는다. 일상에서 마주치는 가정과 직장의 문제, 관계의 갈등 또는 오해, 건강과 같은 문제들은 우리에게 중요한 교훈과 깨달음을 준다. 직장에서의 어려운 도전들은 우리를 더 유능하게 만든다. 예상치 못한 프로젝트 문제들에 직면했을 때, 우리는 창의적인 해결책을 모색하고 동료들과 협력하는 방법을 배운다.

이 과정을 통해 단순한 업무 기술 이상의 것을 얻게 된다. 인내심, 문제 해결 능력, 그리고 전문성도 향상된다. 많은 사람이 익숙한 일을 오랫동안 잘 해내는 것이 전문성을 높이는 길이라고 생각하지만, 실제로는 남들이 하기 싫어하는 일, 누구도 해보지 않은 도전적인 일을 통해 진정한 경쟁력을 발전시킬 수 있다. 어려움과 도전 속에서 우리는 누구나 할 수 있는 일을 넘어서 진정한 전문가로 거듭나게 된다.

인간관계에서도 마찬가지다. 인간관계에서 오해나 의견 충돌은 고통스러운 일이다. 하지만 이런 문제들은 소통의 중요성을 깨닫게 하고 다른 사람의 관점을 이해하려는 노력을 배우게 한다. 자기 자신에 대해 생각해 보고 타인을 이해하려고 노력하면서 더 나은 사람으로 성장할 수 있다. 이 과정은 관계를 더 깊고 의미 있는 것으로 발전시킬 기회가 된다.

어려움을 겪으면서 서로를 더 잘 이해하게 되고 결국 대인 관계 능력을 향상하는 중요한 과정을 경험하게 된다. 오해나 갈등을 해결하는 과정에서 우리는 인내심과 포용력을 기르게 된다. 이러한 경험은 단순히 특정 관계에서만 유익한 것이 아니라 우리의 전반적인 인간관계를 향상하는 데도 큰 도움이 된다.

고난은 삶의 필수적인 부분이다. 태어나 삶이 끝나는 순간까지 우리와 동행한다. 이 과정에서 우리는 더 강하고 지혜로운 존재로 성장하며 삶의 다양한 단계에서 필요한 교훈을 배운다. 일상에서 마주하는 고난은 우리를 더 나은 인간으로 성장시키는 귀중한 기회가 된다.

돌이켜 보면, 고난이라는 상자 안에 항상 최고의 선물이 숨어 있었다. 어린 시절의 가난했던 가정환경, 가정의 문제, 직장에서의 적응과 인간관계의 어려움, 스스로 느끼는 불안감과 초조함까지 수많은 고통의 시간이 있었다. 부모님이 어려움을 겪는 상황에서도 나는 가정을 돌보며 그들을 지원해야 했다. 직장 생활 역시 녹록지 않았다. 끊임없이 반복되는 문제와 압박감 속에서 나는 항상 왜 나에게만 이런 일이 생기는지 불만과 불평으로 가득 차 있었다. 그러나 시간이 지나면서 그 모든 고난이 나를 성장시킨 귀중한 경험이었다는 것을 깨달았다.

가난했던 어린 시절이 가르쳐 준 삶의 간절함과 가족의 소중함, 사회생활에서 배운 인내. 모든 순간이 나를 단단하게 만들었고 지금의 나에게 큰 교훈을 남겼다. 그 과정에서 나는 감사의 마음을 알게 되었고 일상의 소소한 행복을 찾는 법을 배우고 있다.

고난을 이겨내는 마음가짐

이제 나는 어려웠던 시절을 돌아보며 그때의 고난이 나를 성장시키고 사랑하는 마음을 가진 사람으로 변화시켰다는 것을 알게 되었다. 그 고난들 덕분에 삶을 배울 수 있었다. 고난의 경험 덕분에 감사할 줄 알고 타인을 이해하려고 노력하는 긍정적인 마음을 가질 수 있게 되었다. 고난의 순간들은 나를 책임감 있고 성실한 사람으로 만들어 주었다. 그 시간이 있었기에 지금 나는 내 삶을 더욱 사랑하고 일상에서 작은 기쁨과 만족을 발견할 수 있다. 고난은 나에게 삶의 진정한 의미를 가르쳐 준 최고의 선생님이었다. 이제 나는 그 모든 고난을 소중한 삶의 일부로 받아들이며 앞으로 나아갈 준비가 되어 있다.

고난은 삶의 한 부분이다. 고난을 통해 우리는 더 나은 사람이 된다. 고난을 경험할 때마다 새로운 힘을 얻고 성숙해질 수 있다. 고난을 받아들이고 그 안에서 배울 수 있는 태도를 갖추는 것이 우리의 성장과 발전에 필수적이다. 매일을 살아가면서 마주하는 고난 속에서 삶의 가치를 발견해 보자. 더 나은 내일을 향해 나아갈 수 있다.

결론적으로 고난은 보석과 같아서 그것을 통해 우리는 더욱 빛나는 존재가 될 수 있다. 고난을 겪을 때마다, 그것이 우리에게 어떤 가치 있는 교훈을 주고 있는지를 기억하자. 고난의 순간에 좌절하고 낙담하는 대신 이를 더 나은 내일을 위한 필수적인 과정으로 받아들이자. 각자의 고난이 어떻게 우리를 더 나은 사람으로 변화시키는지를 기억하자. 고난은 결국 우리를 성장시키며, 이를 통해 더 나은 내가 될 것이다.

결혼 후, 남들보다 더 빠르고 쉽게 성공과 부를 얻으려 노력했다. 이 과정에서 '세상에 쉬운 것은 없다'는 사실을 깨달았다. 빠르고 쉽게 돈을 벌고 싶어 하는 많은 사람이 있지만, 그런 길은 실제로 존재하지 않다는 걸 깨달았다. 그런 방법으로 잠깐의 성공을 경험할 수 있을지 모르지만, 그것이 지속되지는 않는다는 것도 알게 되었다.

부와 성공, 명예가 매력적으로 보일 수 있지만, 결국 모든 이는 삶의 마지막을 맞이한다. 언제 우리의 시간이 끝날지 아무도 모르기 때문에, 날마다 어떻게 살아 내는지가 인생의 진정한 가치를 결정한다. 모두에게 주어진 24시간을 행복하고 기쁘며 감사한 마음으로 채우는 것이야말로 삶을 진정으로 풍요롭고 여유롭게 만드는 유일한 방법이다.

외적인 것들로는 내면의 공허함을 채울 수 없다. 최고급 자동차를 구입하거나, 강남의 집을 사거나, 명품을 소유한다 해도 그 흥분과 만족감은 일시적이다. 값비싼 물건이라 할지라도 그것이 주는 기쁨은 오래가지 않는다. 우리는 손에 쥔 값진 것을 잊고 새로운 것을 찾아 헤매며 더 나은 것을 추구한다.

이는 무한한 욕망의 순환일 뿐이다. 취업이나 결혼 같은 삶의 큰 결정도 마찬가지다. 특정 회사에 들어가거나 누구와 결혼한다 해도 영원한 행복을 보장하지 않는다. 시간이 흐르며, 처음의 열정이 식는 것을 경험했을 것이다. 우리는 언제나 외부 요소에 의존해 행복을 찾으려 하지만 진정한 만족은 그것에서 오지 않음을 잊지 말아야 한다.

새로운 것, 값진 것을 얻기 위해서는 노력과 고통이 필수적이다. 성공의 길은 고난을 견디고 이겨낸 자에게만 열린다는 진리를 인식하는 것이 중요하다. 인생의 고통과 시련은 누구에게나 있으며, 이를 자연스러운 부분으로 받아들이고 인내하는 사람은 삶의 기쁨을 경험할 수 있다. 이를 당연하게 여기지 않고, "왜 나에게만 이런 일이 일어나는 거지?" 하며 불평하며 감사하지 못하는 삶을 살게 되면 삶은 점점 더 어려워질 것이다.

수많은 사람이 자신의 문제를 과도하고 특별하게 여기는 경향이 있지만,

실상은 누구나 어려움과 고통을 겪고 있다. 심지어 더 어려운 문제를 해결해 나가는 이들도 많다는 것을 알아야 한다. 모든 인생의 고통과 문제를 부정적으로만 바라보지 않고 성장과 발전의 기회로 여기면 우리는 어려움과 고통을 수월하게 극복하고 삶의 기쁨도 맛볼 수 있을 것이다. 그러니 모든 인생의 고통과 문제를 안 좋게만 바라볼 것이 아니라 성장하는 하나의 과정으로 본다면 어려움을 좀 더 수월하게 극복할 수 있을 것이다.

인생에서 발생하는 여러 문제를 나만 겪는 것이 아니라, 누구에게나 일상에서 흔히 발생하는 일임을 받아들이자. 고통을 경험할 때 단순히 힘든 순간으로만 여기지 말고, 마치 근육이 성장하면서 겪는 과정이라고 생각하자. 고통을 통해 성장한다고 생각한다면 이를 보다 받아들이기 쉬울 것이다. 이런 방식으로 현재를 살아갈 때, 삶의 질이 향상되고 일상의 작은 문제들도 쉽게 대처할 수 있게 될 것이다.

자신과 타인을 비교하는 습관에서 벗어나는 것도 잊지 말자. 비교는 불행의 시작이며, 타인과의 비교는 만족감을 잃게 만들고 교만하게 만들 수 있다는 것을 인지하는 것이 중요하다. 다른 사람의 성공, 외모, 재산 등을 보며 자신을 평가하는 것은 우리를 불행으로 이끌 뿐이다. 인생은 자신이 경험한 것을 바탕으로 자신만의 길을 찾고 자신의 성취와 행복을 자신만의 기준으로 바라보는 것이다. 어려움 속에서도 성장의 기회를 발견하고 이를 진심으로 감사할 수 있는 태도로 나아가 보자. 감사하는 삶도 하루아침에 이루어지는 것이 아니다. 지속적인 연습과 노력을 통해 점차 내면화되는 과정이다.

인생에서 마주치는 고통과 시련을 인내하며 그 과정에서 얻는 교훈에 감사하자. 이런 태도를 꾸준히 연습하면 점차 감사하는 마음이 자연스레 우리의 삶 속에 스며들게 되고 이는 우리의 일상을 더욱 풍부하고 의미 있게 변화시킬 것이다.

삶의 매 순간이 소중하니 현재에 집중하고 모든 것에 대해 감사하는 마음을 가져보자. 일상 속 작은 것들에 대해 감사함을 느끼며 우리의 삶을 더욱 행복하고 만족스럽게 살아가자. 이러한 자세는 우리에게 내면의 평안과 만족을 가져다주며 더 나은 삶을 살게 하는 데 큰 도움이 될 것이다.

이 책을 통해 단 한 가지라도 할 수 있는 작은 것들을 시도해서 변화하는 삶을 살았으면 하는 간절한 바람이 있다. 아주 작은 것이라도 여러분의 삶에 적용한다면 진정한 행복과 만족을 찾아가는 새로운 여정이 될 것이다.

각자의 삶에서 소중한 가치를 발견하고 매 순간을 충실히 살아가는 것이야말로 진정한 성공의 길이다. 여러분의 삶이 이 책을 통해 조금이나마 더

초긍정 마인드셋

자유롭고 행복하길 진심으로 바란다.

마지막으로 감사의 말을 전하고 싶다.

항상 나를 즐겁게 해주는 예쁜 아내, 그리고 눈에 넣어도 아프지 않을 우리 사랑하는 아들 온유에게 고맙다는 말을 전하고 싶다. 아직도 아들을 위해 밤낮으로 기도해 주시는 어머니와 아버지, 항상 응원을 아끼지 않는 매형과 누나, 그리고 장모님과 처남, 하늘에 계신 장인어른께도 깊은 감사를 드린다.

여러분 덕분에 오늘의 제가 있을 수 있었습니다. 진심으로 감사드립니다. 그리고 이 모든 것을 가능하게 해주신 하나님께 감사드립니다.